ULLSTEIN

Das Buch

In einer schweren Lebenskrise brach Christine Kaufmann ins Morgenland auf. Doch auf ihrer Reise nach Tanger fing sie ein neues Leben an – und infizierte sich mit dem »Virus de Tanger«, wie Einheimische den Zauber dieses Ortes nennen: »Man kommt für eine Woche und bleibt für den Rest seines Lebens. Oder bleibt, wie in meinem Fall, für eine Zeit, die mir wie ein ganzes Leben erscheint.« Die orientalische Kultur veränderte ihr Lebensgefühl von Grund auf: Die Düfte und Genüsse der Kasbah, die verführerischen Kleider, die intensiven Begegnungen mit Frauen, die zu Freundinnen wurden, offenbarten eine nie gekannte Schönheit. Eine aufregende Reise in die Geheimnisse einer fremden und sinnlichen Welt.

Die Autorin

Christine Kaufmann ist seit ihrer ersten Filmrolle 1954 eine der bekanntesten deutschen Schauspielerinnen. Sie stand vor den Kameras berühmter Regisseure und hat in zahlreichen Kino- und Fernsehfilmen gespielt. Außerdem ist sie Designerin und Autorin von erfolgreichen Büchern über Schönheit, Gesundheit und Vitalität.

Christine Kaufmann

Der Himmel über Tanger

Die sinnlichen Geheimnisse
der Frauen in Marokko

Ullstein

Ullstein Taschenbuchverlag
Der Ullstein Taschenbuchverlag ist ein Unternehmen der Econ Ullstein List
Verlag GmbH & Co. KG, München
1. Auflage 2001
© 2000 by Econ Ullstein List Verlag GmbH & Co. KG, München
Umschlagkonzept: Lohmüller Werbeagentur GmbH & Co. KG, Berlin
Umschlaggestaltung: Init GmbH, Bielefeld
Titelabbildung: Foto von Inge Prader / Foto von Anne Schüller
(IFA-Bilderteam)
Druck und Bindearbeiten: Elsnerdruck, Berlin
Printed in Germany
ISBN 3-548-36286-9

Inhalt

Der Himmel über Tanger

Als mein Vater starb, lebte ich mit meiner älteren Tochter und meinen Enkeln in Wien. Sein Tod unterbrach eine glückliche Zeit, die einzige, in der das Schicksal mir das gab, wonach jeder Mensch sich sehnt. Meine Unfähigkeit, meine Trauer auszudrücken, zeigte, daß ich sein deutsches Herz geerbt hatte, das, was ich mir am wenigsten wünschte. Entweder nichts zu fühlen oder zuviel.

Die Fähigkeit, sehr viel mit zusammengebissenen Zähnen hinter sich zu bringen, ist sicher etwas, das, zumindest in der Generation vor mir und ganz sicher in mir, eine große Rolle spielt. Die Fähigkeit, nichts zu fühlen, ist auch die Basis von Leistungen. Nur als mein Vater starb, fand ich nirgendwo in meinem Herzen ein Loch, aus dem das ganze Unglück fließen konnte. Das machte mich verrückt. Vielen Menschen widerfährt dasselbe wie mir. Wenn ein Elternteil stirbt, löst sich das Netz auf, welches auf dem Lebensweg immer eine Sicherheit bot. Zur selben Zeit gehen die Kinder aus dem Haus; sie müssen ihr eigenes Leben leben. So heißt es. Die Enkel sieht man nur ganz selten, und auch das gilt als normal. Und wenn man nicht schreien kann, obwohl man sich fühlt wie ein waidwundes Tier, weil die Gesellschaft Leiden nur im Rahmen einer gewissen Schicklichkeit duldet, reißen alle Drähte. Als Trost werden Begriffe wie *midlife-crisis* in den Raum gestellt. Das Wort ist wie ein Luftballon, in den ich eine Nadel stecken möchte. Ach ja, dann gibt es auch noch das *empty nest syndrom*, in dem schon Packungen mit Prosac und Hormonen liegen. All das steht bereit, wenn der Punkt im Leben erreicht ist, an dem man sehen kann, wie das letzte Drittel des Sandes durch die Uhr fließt.

Doch, ein Nervenzusammenbruch fühlt sich interessant an. Es ist wie ein langes inneres Erdbeben. Ich war ganz klar und vollkommen weg zugleich. Ein Auge sieht scharf, das andere verschwommen. Das Gerüst der bisherigen Lebensform hält nicht mehr. Ich hatte das Gefühl, mit je einem Bein auf zwei Eisschollen zu stehen, die auseinanderdrifteten. Mir war nicht nach Hormonen und Beruhigungspillen. Ich löste meine Prachtwohnung in Wien auf, lagerte die Möbel ein und entschied mich für eine Abenteuerreise, die man nicht im Reisebüro buchen kann.

Himmel und Hölle sind in Tanger so innig verzahnt wie ein Reißverschluß. Die Gefühle, welche im Laufe der Zeit so viele Fremde an diese Stadt gebunden haben, werden von den Einheimischen lakonisch als »Virus de Tanger« quittiert. Man kommt für eine Woche und bleibt für den Rest seines Lebens. Oder bleibt für eine Zeit, die einem wie ein ganzes Leben erscheint.

Ich will gar nicht erst versuchen zu beschreiben, welcher Wind mich nach Tanger geführt hat. Es war ein Zuviel an Gefühlen: Ängste, Sehnsüchte, Wildheit und Lebensgier. Vielleicht war es auch die Suche nach einer anderen Wirklichkeit. Ich fand, völlig unerwartet, Geborgenheit.

Ein paar Worte gibt es seit dieser Zeit für mich nicht mehr: das Konzept des Zufalls. Angst und die Behauptung des »Normalen« im Westen. Jetzt weiß ich auch, daß man sich in acht nehmen muß vor den Menschen, die nur dann verreisen, wenn sie eine Abart der eigenen Wohnung am Ziel vorzufinden wünschen. Sie markieren eine Frau, die verreist, um in der Fremde zu sich selbst zu finden, noch dazu in Afrika, zu gern mit dem Etikett »Flucht vor der Wirklichkeit«. Auch das Wort »Drogenkonsum« verknüpft man gern mit Marokko. Aber wer braucht schon Drogen, älter werden ist ohnehin wie ein Traum. Die Realität bekommt so viele Schichten: Achtzig sein muß sich anfühlen wie ein LSD-Trip. Nein, nervliche

Überreizung und das marokkanische Klima reichten mir. Sie schafften einen Rausch der Nüchternheit.

Dieser Aufenthalt in Tanger war für mich nicht der erste. Doch als junge Hippiefrau habe ich das Land nicht so ausführlich erlebt. *If you can remember the sixties*, so geht der Satz – wer sich an die sechziger Jahre *erinnern* kann, war *nicht* dabei. Doch ich erinnere mich an die Reise sehr wohl, im Bus mit Einheimischen, Hühnern und Ziegen, schon in der ersten Nacht in Marrakesch stand am Himmel ein Komet. Wie könnte ich das Land nicht leidenschaftlich lieben. Es war Kismet, nicht Zufall, daß ich dort die wichtigste Phase meines Lebens verbrachte...

Mitten ins arabische Herz

Der Weg zu meinem Leben und Wohnen in Tanger begann auf einer Straße, die aussah wie zimtfarbener Puderzucker. Diese führt an einem großen Hügel vorbei, Cabo Negro genannt. Vom Meer aus im Gegenlicht sieht er aus wie das Profil eines Mohren. Cabo wird er von den Ansässigen genannt.

Es ist das Capri Marokkos, und im Sommer ist dort die Hölle los. Da tummeln sich die Reichen und Vergnügungssüchtigen. Im Winter dagegen ist es himmlisch still und menschenleer; die paradiesische Atmosphäre ist für mein Empfinden nur im Winter zu spüren. Mein Freund Claude, der riesig ist, dick wie ein Wal und ebenso anmutig wie dieser unter Wasser, hatte mich in Los Angeles eingeladen: »Come to Cabo and, of course, stay as long as you want.«

Claude merkte nicht, zumindest nicht gleich, daß ich meinen Nervenzusammenbruch abstotterte. Dies machte mich, vor allem für mich selbst, unberechenbar.

Sein Haus liegt, wie die meisten Villen, eingebettet zwischen Eukalyptusbäumen und Mimosenbüschen. Es ist auf einem abschüssigen Grundstück gebaut, dadurch hat es verschiedene Ebenen und Terrassen. Im Gegensatz zu den Häusern der meisten Nachbarn war es geometrisch klar in der Architektur und eingerichtet wie manche Häuser in Dänemark. Die Außenwelt dominierte; es gibt kaum etwas Schöneres als das duftende Klima auch in den Räumen zu riechen.

Im Winter wird Cabo von der Dienerschaft beherrscht. Sie picken wie kleine Vögel auf einer schlafenden Löwin Eßbares aus dem Fell. Obwohl sich die Dienerinnen und *Gardiens* (eine Art Hausmeister) beim ersten Eindruck durch nichts von dem unterscheiden, was ich als Sklave bezeichnen würde, ist das Wesen der Bindungen zwischen Herrschaft und Personal eine Welt für sich. Wenn es auch Merkmale der Sklaverei hat, so ist diese wesentlich gemütlicher als zum Beispiel die, die in den Armenquartieren von Los Angeles praktiziert wird. Dort nähen Menschen für Pfennige, atmen giftige Farbpartikel ein und wissen, da sie kein Englisch sprechen, wohl gar nicht, in welchem Land sie sich befinden.

Les Filles, meist heißen sie Fatima oder Aisha, sind ein elementarer Bestandteil des Lebens. Sie schaffen eine Atmosphäre des sinnlichen Luxus, der nichts mit dem Luxus westlicher Prägung zu tun hat. Einer der Gründe ist natürlich, daß jedes mediterrane Land durch das Meer, die Pflanzen, Blumen und Gerüche die Seele öffnet. Eine Aisha schlurft mit bebendem Popo einfach ein paar Schritte in den Garten und kehrt wenige Minuten später mit einem prachtvollen Blumenstrauß in der Hand zurück, der duftet wie die Sommer meiner Kindheit. Das Wichtigste ist der Unterschied in den emotionalen Bindungen: Dienen ist nichts Beschämendes, denn alle dienen Allah. Die Beziehung zur Herrschaft ist herzlich, voller körperlicher Zärtlichkeit. Vor allem natürlich zwischen den Frauen.

Claude und seine Aisha begrüßten sich mit drei Küssen und mir, einer Fremden, wurde der gleiche Empfang zuteil. Claudes »Mädchen« war bildhübsch und hatte, wie er mir ankündigte, eine Tochter, die aussah wie eine Elfe. Federleicht und wohl geformt wie eine kleine Puppe. Die Mutter hatte sich als Kind bei einem Sturz vom Apfelbaum die Hüfte gebrochen und hinkte seither stark. Das tat dem Eindruck ihrer Hübschheit jedoch keinen Abbruch, denn sie war offen und unbeschwert. Das hatte seinen Grund: Sie wurde sehr früh verheiratet und haßte ihren Mann, wie sie mir später in Gesten erklärte, so sehr, daß sie Tag und Nacht daran dachte, wie sie ihn umbringen könnte.

Claude half ihr bei der Scheidung. Sie, das kleine Bauernmädel, hatte in Claude einen Herrn gefunden, der ihr Ansehen hob. Claudes Vater, ein reizender Herr, ist ein wichtiges Mitglied der jüdischen Gemeinde Casablancas. Claude liebte ihre kleine Tochter, obwohl sie nicht sein Kind war. Auch das ist sehr typisch für die schönen Seiten Marokkos. Man liebt Kinder, denn, so heißt ein Spruch: »Sie sind Seife für die Seele.«

Die Diener treffen sich in den leerstehenden Villen zum Plausch. Gelegentlich kamen sie auch zu uns und mir fiel auf, daß manche der weiblichen Gesichter so rund und strahlend wirkten wie Goldmünzen. Daher stammt wohl die Eigenart der Geste, mit der in Marokko alles »Schöne« begleitet wird. Die Fingerspitzen einer Hand werden zusammengehalten, als ob man einen delikaten Stoff aufhebt. Dann werden die Finger kraftvoll gespreizt wie Strahlen. Es glänzt, es strahlt, es ist schön! Wie die Gesichter eben.

Ein kleines Rudel Salukis (arabische Windhunde) schwirrte wie silberne Irrlichter durch Haus und Garten. Die Zeit verging wie eine tropfende Ewigkeit. Die Bereicherung der Lebenserfahrung, fern von dem, womit man im normalen heimischen Leben aufgewachsen ist, bestand nicht aus Trophäen oder Souvenirs, mit denen man die Wände oder sich selber behängte. Das Leben in einem Land, dessen Sprache, Religion und Empfindungsweise einem fremd ist, bereichert, da sich beim Erschließen dieser Welt Facetten des Menschseins offenbaren, die einem sonst verborgen bleiben.

Bei oberflächlicher Betrachtung scheint in Marokko noch ein mittelalterlicher Zeitgeist zu herrschen, doch es ist dem 19. Jahrhundert viel ähnlicher, zumindest im Inneren der marokkanischen Gesellschaft. Diese offenbart sich nicht auf den ersten Blick. Allerdings war Claudes Jaguar aus den fünfziger Jahren, dunkelgrün, innen mit wunderbar riechendem Leder ausgestattet, schon das ideale Gefährt, um bei mir den Eindruck zu vertiefen, in einer anderen Zeit gelandet zu sein.

Gelegentlich fuhren wir in die am Fuße des Hügels gelegene Ortschaft. Sie bestand hauptsächlich aus einem Markt, gefüllt mit Dingen, die Diebesgut zu sein schienen. Mein Geisteszustand hatte meine Wahrnehmung etwas getrübt und verminderte meine sonst gute Orientierung, die mich früher durch manche Basare und Oasen geleitet hatte. Doch ich merkte mir zwei Asphaltstraßen, die sich kreuzten und an deren Schnittpunkt eine Apotheke und eine moderne Telefonzelle standen. Sie sah aus, als sei sie ein vergessenes Requisit aus einem James-Bond-Film. Daneben, das Wichtigste für jede Abenteurerin, ein Taxistand.

Eines Tages mißfiel mir etwas an Claudes Verhalten, und sobald er das Haus verlassen hatte, packte ich meine weiche Reisetasche, umarmte und küßte das Mädchen und die kleine Elfe, begab mich auf die Puderzuckerstraße und hielt einen Motorradfahrer an. Kein Easy Rider. Ein zartes Fahrzeug, ein wenig ramponiert. Der Fahrer musterte mich. Mit meinem feinen Hut, der Sonnenbrille mit Schildpattrahmung und dem langschössigen weißen Hosenanzug war ich sicher ein seltener Anblick im winterlichen Cabo. Eher ein Tropenschick aus den dreißiger Jahren als die normalen Rucksacktouristen, die per Autostop reisten. Auch werden ihm die Cartier-Uhr und die großen gelben Diamantohrstecker nicht entgangen sein. Von der herrlichen neuen Kamera ganz zu schweigen. Ich taxierte ihn. Nervliche Überreizung stärkt mein Radar für die Vertrauenswürdigkeit eines Menschen. Ich spürte genau, daß ich mich ruhig hinter ihn setzen und die Arme vertrauensvoll um den fremden Körper schlingen konnte. Er würde mich behutsam eine kleine Strecke auf meiner Kismetreise weiterführen. Ich spürte das wunderbare Gefühl von Freiheit, einfach wegzufahren, und das auf einem Gefährt, das sich anfühlte wie eine schnell hoppelnde Ziege, dazu eine nach Eukalyptus und Mimosen riechende Luft. Alles war so betörend schön, daß es sich nur in dem englischen Satz einfangen läßt: »It's beautiful, it's to die for.«

Als er mich am Taxistand absetzte, bot ich meinem Motorradritter Geld an und schämte mich für den Schatten der Kränkung, der sein Gesicht daraufhin überzog. Bevor ich mich in eines der Taxis setzte, deren Fahrer ähnlich lädiert wirkten wie ihre Wagen, rief ich in Tanger an. Dort hatte ich bei einer Vernissage, zu der mich Claude mitgenommen hatte, einen Mann getroffen, Salah, dessen einwandfreies Französisch und seine runde, gutgekleidete Erscheinung vertrauenswürdig auf mich wirkten.

»Aber, chère Madame, gehen Sie nicht ins Hotel. Erlauben Sie mir, Sie als Gast zu empfangen. Mein Haus ist groß, und ich arbeite dauernd. Sie können alles für sich beanspruchen und bleiben, so lange Sie wollen.« Danach sprach er ein paar Worte mit dem Taxifahrer. Sie mögen wohl das ihre für die Sicherheit der Fahrt beigetragen haben.

Die Staubstraße mündet in die einzige Asphaltstraße, die sich dort vom Norden in den Süden zieht. Zu Beginn glitzert hinter den saftigen grünen Hügeln das freundliche, an dieser Stelle gelegentlich sogar langweilig unbewegte Mittelmeer.

Die Reise mit dem atemlosen Auto dauerte etwa zwei Stunden. Und das war gut so. Mit einem Wagen in besserem Zustand wäre er sicher im üblichen Stil der Marokkaner gefahren, nämlich wie eine gesengte Sau.

Salahs Chauffeur wartete schon am verabredeten Treffpunkt. Das glutäugige Wesen mit den weißen Handschuhen war leicht zu identifizieren. Auf dem runden Platz, auf dem sich hupende Autos, Karren mit unwilligen Eseln, plärrende Wasserträger und scheinbar blinde Fußgänger bewegten wie in einem Mahlstrom, schien mir das elegante schwarze Auto mit dem gutaussehenden Wüstensohn als Ort der Zuflucht, auch wenn es gerade diese Kombination war, die man, den Filmen und Berichten nach, meiden soll.

Die ausgesuchte Höflichkeit und die angenehme Erscheinung des Fahrers waren ein Vorgeschmack auf Salahs Haus. Obwohl das Wort »Haus« ebenso unzutreffend ist, wie es die Bezeichnung »Villa des Papstes« für den Vatikan wäre.

Salah hat einen Palast. Er steht auf einem Hügel und ist umrahmt von einem Zypressenhain, der zur Straße hin das Gebäude verdeckt wie ein grüner Vorhang. Der Blick zum Meer ist frei, und im Gegensatz zu vielen der Prachtbauten, die ich im Laufe der nächsten Jahre kennenlernen sollte, war Salahs Palast von erlesenem Geschmack. Dieser Palast war der Eingang, mein Tor zu einer Welt, die ich in meinen Wachträumen schon vorgeschmeckt hatte. Überall in dieser Stadt sollte ich Vertrautem begegnen. Dinge, die mir vertrauter waren als vieles in der Heimat. Aber ein Mischling wie ich hat ja nie eine Heimat, und Tanger

ist mehr als jede andere Stadt, die ich kennengelernt habe, Heimat für Heimatlose.

So sollte mich Salah wie ein Djinn schon am
ersten Abend durch die klare Nacht in das Haus
einer Frau bringen, die ich als Zeichnung von
Edmund Dulac schon oft in den Händen gehal-
ten hatte: die Prinzessin von Deryabar. Sie wurde
während meiner Zeit in Tanger meine engste Vertraute. Sie führte mich in die arabische Frauen-
welt ein, die so anders ist, als sie uns im Westen
dargestellt wird. An ihr konnte ich für eine Weile den Puls der arabischen Welt fühlen.

Ich traf in Salahs Palast um die Mittagszeit ein,
und selbst bei Tageslicht war die Pracht, im
Gegensatz zu den meisten Neubauten, subtil und
unendlich geschmackvoll. Er ist das Werk des
legendären amerikanischen Innenarchitekten Stewart Church. Er selbst sieht aus wie Rübezahl,
und sein Lebensstil ist asketisch. Er wohnt in der
letzten unberührten Landschaft im Umkreis von
Tanger, hinter einem riesigen Pinienwald mit Blick
auf den Atlantik, ohne Strom und fließendes Wasser. In den von ihm eingerichteten Häusern und
Palästen setzt er die überwältigenden Formen der
islamischen Kunst derartig sorgfältig ein, daß mir
damals nur ein Vergleich einfiel: Niemand spricht
eine Sprache mit soviel Zartgefühl wie jemand,
der sich eine zweite Sprache aneignet, mit dem
innigen Wunsch, daß sie ihm Heimat werde. So

hörte man früher in Paris das schönste Französisch von russischen Immigranten. Ähnlich behutsam verwaltet Stewart Church die arabische
Kunst. Der Eingang des Gebäudes ist von einer
großen Glaskuppel bedeckt, und durch das sanf-
te Oberlicht kommt die Anmut der Muster per-
fekt zur Geltung. Sein Geschmack hängt in den
Räumen wie ein zarter Duft.

Mein Gästeflügel im oberen Stockwerk war
weit entfernt von Salahs Schlafräumen. Auch das
war beruhigend. Er selbst gab sich unendlich
sanft; sein Körper schien gestaucht, und er wirkte älter, als er war. Man sah ihm an, daß an
seiner Seele ein Schmerz nagte, den er nicht wahrhaben wollte oder konnte. Wie alle marokkanischen Männer einer gewissen Klasse sah man ihn
nie unrasiert, sondern immer gepflegt und duf-
tend. Im Vergleich zu seinem Palast war er winzig. Da er, nachdem ich schon woanders wohnte,
seinem Palast einen Salon in der Größe eines Fuß-
ballfeldes hinzugefügt hat, wirkt er jetzt wohl
noch winziger im Vergleich. Er hatte die schönsten Augen, die ich dort gesehen habe, wie Seen
aus anziehendem Kummer.

All die Herrlichkeiten sollen nicht verschleiern,
daß der Reichtum, der das neue Tanger und seine Prunkbauten ermöglicht hat, aus äußerst zwielichtigen Quellen fließen soll.

Der Blick aufs Meer von Salahs mit Mosaiken

bedeckter Terrasse offenbarte ein Stück der Vergangenheit, die Jack Kerouac so umschrieb: »Ich sah die weißen Dächer der kleinen Hafenstadt Tanger, wie sie dort in dieser Krümmung liegt, am Wasser. Dieser Traum vom weißgekleideten Afrika auf dem blauen Nachmittagsmeer, wow, wer träumte den …?«

Es zeigt sich auch die Gegenwart, in der Neubauten wie ein Pilzgeflecht den schönen Stadtkranz aus dem 9. Jahrhundert, der den alten Kern umgibt, zerfressen. Man sieht, daß hier schon lange keinerlei Stadtplanung betrieben wird, niemand eine schützende Hand über die Bauwerke hält, die der Stadt eine Kostbarkeit bewahrt hätte, die in der ganzen Welt nichts Vergleichbares hat. Die Stadt wirkt wie ein halb zerstörtes Mandala. Die Verwüstung ist das Werk der Geschäftemacher, die scheinbar seriösen Tätigkeiten nachgehen. Sie betreiben Hotels und sind im Baugeschäft. Die Hotels haben Nachtclubs und sind im Prinzip Bordelle. Keine anständige Frau aus Tanger würde je den Fuß in die meisten dieser Hotels setzen, es sei denn, ihr Ehemann wäre dabei. Was die Bauunternehmen betrifft, so sind ihre ohne Sinn für Ästhetik gebauten Betonklötze so mangelhaft geplant, daß sie im Winter während der Regenzeit einfach wegrutschen.

Die Veränderung Tangers hat unendlich komplizierte innere Vorgänge als Ursache. Eine Krankheit spielt sich auch erst im Inneren des Körpers ab, bevor die Verwüstungen sichtbar werden. Himmel und Hölle sind hier verzahnt wie ein Reißverschluß. So ist Salahs Palast tausendmal schöner als jede Prunkvilla in Beverly Hills. Es gibt hier keinen Smog, auch keine zufälligen Gewalttaten. Nur wer die Gefahr sucht, wird sie hier finden. Die Behauptung des Gegenteils, wie man sie oft in Reiseberichten findet, ist von plappernden Journalisten verfaßt, die glauben, das Aufregende im Leben ließe sich nur im Dreck aufstöbern.

Was immer mich nach Tanger geführt hat, meine Emsigkeit bei der Erforschung dieser Welt bescherte mir schon in den ersten Tagen Begegnungen mit fast allen noch lebenden Legenden der Stadt.

Sobald ich meine Tasche in meinem Salon abgestellt und mir Gesicht und Hände gewaschen hatte, bat ich den Chauffeur, mich in die Stadtmitte zu bringen. Er setzte mich am Boulevard Mohammed V ab. Die Hauptverkehrsader ist fast immer verstopft und im Sommer quasi unpassierbar. Mich faszinierte der Anblick dieser Straße, denn sie wirkte wie eine Reihe ehemals perfekter Zähne, die in die Hand eines schlechten Zahnarztes geraten war. Überall saß Zahnstein, und wo neue Gebäude (Zähne) eingesetzt waren, paßten sie weder in Form noch in Farbe. Die meisten Tou-

risten werden sofort belästigt, doch mich schützte etwas, das mir erst später bewußt wurde: Meine Haut ist gelblich, und mit dem dunklen Haar
und dem sehr runden Hintern konnte man mich
mit der Sonnenbrille (und vor allem stumm) nicht
von einer modernen Marokkanerin unterscheiden.

Der Hunger trieb mich in eine Seitenstraße, und
neben einem vergammelten Prachthaus aus den
zwanziger Jahren stand wie in Paris eine Speise-
karte aus Schiefer auf der Straße. Darauf war in
Englisch das Menü geschrieben. Im Inneren lock-
ten schön gedeckte Tische mit frischen Blumen-
gestecken und eine Empfangsdame *very very
friendly*, weil *very very English*, nahm mich sofort
in die Arme wie eine alte Freundin. Wie das kam?
Es gibt in Tanger alles, nur keine Frauen mit Hut,
na ja, auf jeden Fall nicht einem Hut aus aller-
feinstem Material. Das Wort »behütet« gewann
für mich auf der Stelle eine andere Bedeutung. Ich
muß ihr vorgekommen sein wie ein Mensch aus
einer anderen Zeit, der Zeit – so wird es jetzt
umschrieben –, *quand Tanger était Tanger*. Sie
führte mich sofort an den einzigen Tisch, an dem
jemand saß.

Sie stellte mir David vor, einen zierlichen Mann
unbestimmten Alters. Ich gebe zu, daß ihre Be-
geisterung für mich – *Oh, it's delightful to meet
you* –, ihre überschäumende Freundlichkeit – *It's*

been years since we have had a visitor wearing such a lovely hat – und das große Amüsement bei der Schilderung meiner Flucht (vor allem dem Teil mit dem vibrierenden Fahrer in meinen Armen) mir gefiel. Sie wirkten jedoch wie die freundlichen Schwestern aus dem Film »Arsen und Spitzenhäubchen«.

Im Laufe der Mahlzeit stellte sich heraus, welche Ehre mir gleich beim ersten Ausflug zuteil geworden war. Der ältere Herr, der übrigens im Prinzip genauso gekleidet war wie ich, hieß David Herbert und war der Cousin der englischen Königin. Er trug einen weißen Tropenanzug aus feinstem Leinen, sehr kostbaren, doch dezenten Schmuck, nur auf dem Kopf hatte er anstatt eines Hutes ein Toupet, ein kurioses allerdings, es sah aus wie aus Flachs und selbst gehäkelt. Er war im Prinzip *der* Mann, der vor etwa fünfzig Jahren Tanger zu Tanger gemacht hatte. Denn ohne ihn hätten wohl nie so viele Schriftsteller und andere Elfen die Stadt besucht.

Fast alle Freunde, die Herbert besuchten, vielleicht auch eine Weile blieben, doch dann wieder weggingen, sind jetzt tot.

David jedoch lebt. Als ich ihn 1991 kennenlernte, war er äußerst lebendig. Es scheint, daß die Menschen dort nicht verrotten, bevor sie sterben. Die Haut ist oft noch Tage vor ihrem Tod klar, ihr Geruch noch jugendlich, der Gang noch federnd. All dies hat keine mystischen Gründe, Tanger hat ein phantastisches Mikroklima.

Die Freude über Neuankömmlinge ist in Tanger groß. Wenn diese auch mit Geschichten, einem Duft der Heimatlosigkeit und schönen Hüten auftauchen wie ich. So wittern Menschen sich. Bei aller Abenteuerlust kann man nur Abenteurer sein, wenn die Basis ein Desinteresse an der Selbstzerstörung ist. Die Lust an der Fähigkeit, sich an den ungewöhnlichsten Orten neu zu strukturieren. »*Come and visit me for tea*«, diese Einladung von David konnte ich nicht mehr rechtzeitig wahrnehmen. Er starb und liegt auf dem für die Ungläubigen reservierten Friedhof auf einem der vielen Hügel Tangers. Es ist der schönste Friedhof der Welt.

Mein letzter Eindruck von David Herbert ist sehr »tangerous«. Er lächelt fröhlich mit diesen Augen wie schimmerndes Meerwasser und wird von seinem Chauffeur und Assistenten zu dem gepflegten Auto geleitet, einem Rover, wenn ich mich richtig erinnere.

Als ich von meinem bereichernden Ausflug in den Gästeflügel zurückkam, waren die Spuren der zärtlichen Fürsorge einer Aisha deutlich zu sehen. Feenhände schienen am Werk gewesen zu sein. Meine Garderobe hing sauber und gebügelt im Schrank; die Unterwäsche lag sorgfältig gefaltet in den Schubladen. Auch der Schmuck. Brandneue Babuschen aus weichem Wildleder standen vor einem Sessel, darauf lag ein sehr schönes weißes Hausgewand.

Diese stillen bunten Schatten kann sich in Tanger eigentlich jeder leisten. Ein »Mädchen« wenigstens hat jeder. Die Intimität und die Art Beziehung, die ich erlebt habe, ist vollkommen einzigartig. Sie unterscheidet sich vom Rest der Welt, was mir auch von einem jungen Designer, der in Südamerika aufgewachsen war, bestätigt wurde. Er verließ die Stadt nach einem Jahr, voller Empörung über das Personal: »Sie sind im Vergleich zu den Dienern in Südamerika aufmüpfig und unverschämt.« Für eine Frau wie mich war die Erfahrung mit so einer Gefährtin beruhigend. Ich werde mich immer nach dieser Anwesenheit meiner Fatima sehnen, die leise aufräumte und die wahnsinnig gern mit mir auf den Markt ging (dafür mußte ich mich immer hübsch machen, da ich ja im Prinzip ihr gehörte, oder zu ihr gehörte, auf jeden Fall gehörten wir zusammen).

Wenn ich badete, kam sie unter einem hauchdünnen Vorwand rein und kommentierte, was ihr an mir gefiel. Oft lachten wir, ohne zu wissen, warum. Sie nahm mir die Einsamkeit wie ein Kind. Sie trug Schmuck, den ich ihr schenkte, erst Wochen später, und in solchen Fällen hielt sie den Kopf besonders aufrecht und lächelte, doch sie bedankte sich nie. Das war gut. Wenn sie jemanden nicht mochte, veränderte sie die Farbe fast wie ein Chamäleon und rollte mit den Augen. Ich habe gelernt, ihr Gesicht wie einen Stadtplan zu lesen. Immer werde ich mich nach ihr sehnen, doch man kann niemanden von dort entfernen – ebenso wie eine mit den Wurzeln ausgerissene Blume nicht weiterblüht.

Die Bandbreite der marokkanischen Weiblichkeit ist größer als unsere. Gerade die einfachen Frauen lachen sich halb tot über unsere entsinnlichte Gesellschaft.

Für den ersten Besuch in einem marokkanischen Haus, in das ich mit Salah eingeladen worden war, kleidete ich mich sehr sorgfältig. Solch eine Einladung ist eine offene Hand. Man repräsentiert auch etwas, und ich wollte Europa in Romeo Gigli zeigen, da ich mir schon öfter gedacht hatte, wie schade es ist, daß Touristen sich so nachlässig kleiden und vor allem in jüngster Zeit die Bewohner dieser Länder denken müssen, daß der Trainingsanzug oder die Radlerhose unsere Nationaltracht sein muß.

Die Nacht verwandelt alle Städte. Salah erwartete mich pünktlich. Es war eine andere Welt, die ich tagsüber mit Pfadfinderschritten durchquert hatte. Die Lichter durch die Scheiben des leisen Wagens; das Dahingleiten, der Kampf, den mein naturreines Parfüm gegen das schwere synthetische Rasierwasser meines Gastgebers im Wagen

führte, die Schnelligkeit der Fahrt; das Stecken-
bleiben im Gewühl, die finsteren Gestalten auf
dem nächtlichen Boulevard, kleine Ausschnitte
des funkelnden Märchenhimmels; all dies ver-
stärkte zwei Eindrücke: Himmel, Hölle.

Nachts sieht der Boulevard aus wie ein langer
Knochen, auf dem schwarze Fliegen sitzen. In den
Cafés lungern nur Männer mit seltsam verdrück-
ten Gesichtern herum. Die Augen sind offen, aber
blicklos. Neben dem Café mit den meisten »Fliegen« steht, wie ein kleiner delikater Hochzeitskuchen, eine Villa mit Treppchen und einem Tor:
das jüdische Zentrum, welches nur tagsüber frequentiert wird. Gerade im Vergleich zu diesem
weiß schimmernden Gebäude sieht die lange Reihe der hockenden Männer zum Fürchten aus. Als
ich später auf einem der anderen Hügel wohnte,
spielte sich hier in dieser Gegend eine Szene ab,
die meine marokkanischen Freundinnen amüsier-
te: Ein deutscher Pianist gab ein Konzert und
wurde auf ein Fest in der Nähe meines Wohnor-
tes eingeladen. Da ich auch eingeladen war, sollte ich ihn der Einfachheit halber (Taxis sind immer
so eine Sache) am Boulevard mit meinem Auto
aufpicken. Für die Fliegenmänner sah es so aus:
Auf dem nächtlichen Boulevard geht ein großer
goldgelockter Jüngling. Ein weißes Auto ver-
langsamt seine Fahrt, die Seitentür wird geöffnet,
das Licht im Wageninneren zeigt, daß eine Frau

in einem roten ausgeschnittenen Kleid, den Hals
eng umschlossen von einer rubinroten Kette, der
Mund passend geschminkt, am Steuer sitzt. Ohne
jedes Wort steigt der Mann in das langsam fah-
rende Auto. Im Rückspiegel sah ich etwa hundert
verdutzte Gesichter. Sie müssen gedacht haben:
»*Blondes do have more fun!*«

Man sieht nachts auf dem Boulevard in mehrfachem Sinn wenig Helles. Nur ein fröhlicher
Strom süßer junger Mädchen zieht für eine kurze Weile seine Bahn und macht, was man als
Faire le Boulevard bezeichnet, das, was man vor
allem in südlichen Ländern zu tun pflegt: Die
Mädchen baden in den Blicken der Männer. Doch
hier in Tanger macht dies kein Mädchen aus guter Familie, wie Rabea mir versicherte, zu deren
Haus meine erste nächtliche Fahrt führte: »Die
großen Schönheiten sieht man nicht auf der
Straße.« Sie sagte immer Dinge, die stimmten.
Eine Lebensklugheit, die faszinierend war. Ein
wenig spiegelt der Weg zu ihrem Haus auch sie
wider. Denn den Boulevard läßt man liegen, und
die Straßen werden still. Die Lampen verändern
sich, das Licht des Mondes beginnt die Villen zu
erhellen. Die Wege sind nie gerade. Sie schlängeln
sich durch das unerwartet gepflegte Viertel. Das
Haus hat die Nummer sieben. Meine Lieblings-
zahl.

Die Villa der Salmerons liegt in einer sehr hübschen Gegend. Dort hat der Pilz die alten Villen noch nicht zerfressen. Wie immer verdeckt eine weiße Mauer den Einblick. Salah klopfte an das Tor aus Metall. Die leichtfüßigen Schritte von Aisha waren die erste Begrüßung. Ein sehr gepflegter Garten im Mondlicht kündigt schon an, daß Schönes zu erwarten ist. Salah küßte sie, und sie tauschten arabische Worte aus. Eine geschwungene Marmortreppe führt ins Haus, dessen Ausstattung von erlesenem Geschmack zeugt: eine große Sammlung feinster Gemälde von Orientalisten, die üblichen Bänke, die weich gepolstert und mit Damast bezogen in jedem marokkanischen Haus entlang den Wänden der Salons stehen; man kann dort sitzen, aber auch schlafen. Diese Tradition kommt aus der religiös verankerten Gastfreundschaft und auch daher, daß früher eine Reise lange dauerte und man einen Gast schlecht wieder vor die Tür setzen konnte. Aber auch jetzt ist die Gastfreundschaft genuin. Der Hausherr, ein Spanier, ein ungewöhnlich schöner, schlanker Mann, der in Marokko vor siebzig Jahren geboren wurde, begrüßte uns. Dann kamen die Kinder, und ich habe noch nie in meinem Leben soviel Schönheit auf einmal gesehen. Der älteste Sohn sieht aus wie ein Prinz. Doch was die Schönheit ausmachte, war die völlige Abwesenheit von eitlem Gebaren. Als Rabea erschien, saß ich schon, und mir ging durch

den Kopf: »Ah, da ist die Prinzessin von Deryabar.«

Ich wunderte mich nicht darüber, daß ich so
vieles wiedererkannte, denn sich wundern behindert die Aufnahme von Eindrücken. Egal in welcher Welt, man betritt mit dem Haus immer auch
die Innenwelt der Hausherrin. Das Licht, die Farben, die Art der Teppiche, die Blumen – alles spiegelt ihr Wesen wider.

Die Spiegelung ihrer Wesensart war in diesem
Haus so stark, daß ich nicht überrascht gewesen
wäre, wenn sie beim Verlassen des Hauses sämt-
liches Inventar wie ein Gewand hinter sich mit-
geschleift hätte.

Es gibt in diesem Haus nichts Sparsames, aber
auch nichts Lautes. An den Wänden hängen neben
alten und gut erhaltenen Stickereien auch besonders schöne Gemälde: einige der Orientalisten,
das heißt Genrebilder, auch ein paar gute Bilder
zeitgenössischer Maler, was sehr selten ist. Es gibt
ansonsten fast nur Kitsch in den Galerien.

Die Konversation zwischen Salah und Rabeas
Mann bestand aus den üblichen Floskeln und gab
mir die Möglichkeit, meine Augen an dem herrlichen Interieur zu weiden. Jeder der drei Salons
war so eingerichtet, daß sich praktisch verschiedene Arten der Begegnung darin abspielen können. Etwas kühl und formell das Foyer; ein Ort,
an dem man jemand stehenlassen und abwimmeln

konnte. Der Raum, in dem wir uns befanden, war eine Art Cocktailraum, nicht zu gemütlich, jedoch mit einem prachtvollen Gemälde an der Wand. Im größeren, nicht beleuchteten Salon standen mit Brokat bespannte Bänke und Vitrinen mit Kleinodien. Und auf der anderen Seite des Foyers gab es einen kleinen, mit gelber Seide ausgeschlagenen Salon, in dem ich später oft zum Tee und tête-à-tête eingeladen sein würde. Es dauerte eine Weile, bis ich nach der Ankunft die Hausherrin zu Gesicht bekam. Rabea wirkte verschlossen; sie ist wie ein tiefer Brunnen. Eine hundertprozentige Araberin mit hellblauen Augen. Das ist in Marokko nicht selten. Man sagt, in Marokko gebe es keinen Rassismus, weil dort alle Farben vertreten seien. Rabea stammt aus der Kasbah, der Altstadt, die unglaublich schöne Paläste und Häuser birgt.

Als sie mit festen Schritten etwa eine Viertelstunde nach meiner Ankunft erschien, tauchte hinter ihr für einen Moment ein dunkles, mißtrauisches Gesicht auf und verschwand gleich wieder. Wie eine Schauspielerin, die zur falschen Zeit auf die Bühne kommt. Zora sollte ich später als Botin eines Abgrunds kennenlernen. Rabea hat etwas von einer Stute vor dem Rennen an sich. Sie entspannt sich erst, wenn sie einen liebhat. Die Liebe zwischen den Frauen in Tanger hat viele Schichten. Erst auf dem Wege westlich definierter Emanzipation wurde das weite Feld der Liebe und

Sinnlichkeit parzelliert und benannt (hetero, homo und bi); vielleicht auch nur, um die Vermarktung zu vereinfachen ... Wie ärmlich im Vergleich zur wärmenden Vielfalt im Orient, wie ich sie im Umkreis von Rabea erlebt habe.

Sie ist das Herz eines Gesellschaftskreises. Ihre Gesten und ihr Körper sind der pure Orient. Ein geschmeidiger Oberkörper mit festen Brüsten und ausdrucksvollen Händen; die Taille ist schlank und mündet in einen Ernst-Fuchs-Popo, der sich durch alle Kleidungsstücke abzeichnet. Die langen Schenkel und wohlgeformten Waden verlaufen zu schmalen Fesseln und enden in scheinbar klitzekleinen Füßen. Während des Fastenmonats tragen alle Frauen, selbst die »modernsten«, die Dschellaba, wenn sie das Haus verlassen. Rabeas Dschellabas sind die schönsten; sie sind aus Crêpe de Chine und mit handgestickten Bordüren. Eigentlich ist die Dschellaba eine Kutte, die wohl die weibliche Form verbergen soll. Doch wenn abends die Fabrikarbeiterinnen wie bunte Engel aus den Gebäuden strömen, treibt der Wind sein Spiel, das die Essenz der orientalischen Erotik skizziert. So wird für wenige Sekunden der sich wiegende Hintern oder die Biegung des Rückens sichtbar, vorne drückt sich der Stoff an die Schenkel und zeichnet den Schamhügel oder die Brüste ab. Sobald es windstill ist, verschwinden auch die Formen, und das Gewand hängt bunt und nönnisch herab. Es ist wie ein Wettrennen von Keuschheit und Lust.

Die Etikette des Anstandes ist vor allem in Rabeas Welt streng, doch überhaupt nicht puritanisch. Man kommt als Jungfrau in die Ehe und betrügt seinen Mann nie. Zumindest nie so, daß es irgend jemand mitkriegt. Das überläßt man den Männern, die scheinbar alle unbedingt eine oder zwei Geliebte haben müssen, um in der Männerwelt etwas darzustellen. Der Grund für die große innere Emanzipation, wie ich sie in Marokko kennengelernt habe, ist der, daß die orientalische Frau den Mann nicht ernster nimmt, als sie muß. Sie hat den Mann immer mit anderen Frauen teilen müssen, daher hat sie eine fundamental andere Beziehung zu Frauen. Schon das Küssen bei der Begrüßung ist etwas Eigenes. Es wird nicht flüchtig in die Luft geküßt, beseelt von der Angst, den Lippenstift zu derangieren oder womöglich einen Busen zu spüren. Dies ist eine Form des Schnupperns, eine Art Sprache. Eine wortlose Sprache der Befindlichkeit. Ihre Wangen fühlen sich fester an als die weiße Haut, sie hat eine andere Samtigkeit, auch der Geruch, nicht so intensiv wie der der schwarzen Haut, aber auch würzig und anziehend. Vielleicht liegt es am Trinken des Minztees oder an den vielen Früchten und natürlichen Speisen; auch raucht und trinkt keine der Frauen, die ich näher kennengelernt habe. Alles in allem sind sie betörend und ruhen in ihrer Weiblichkeit. Es ist eine Weiblichkeit, die sich in vielen Details von der europäischen und sicher auch angelsächsischen unterscheidet. Ich glaube, die Frauen empfinden sich als Fragment einer Struktur, als ein Teil der Frau an sich, wenn man so will. So ist der beiläufige Austausch von Zärtlichkeiten normal. Es werden Geschichen erzählt, und dabei krault eine der anderen den Kopf oder hält ihre Hand und der Kopf wird auf den Schoß gelegt. Im Hammam, dem Dampfbad, findet das Ganze im halbdunklen Raum statt. Es ist nicht nur ein Ort, an dem man sich trifft; meist gibt es eine »Waschmeisterin«, die mit kräftigen und wissenden Händen die Körper wäscht und in einer Art sanften Chiropraktik wieder einrenkt. Auch werden körperliche Veränderungen gemeinsam besprochen. Ein schöner Po begeistert, sexuelle Praktiken werden erörtert, die Lust an der Sexualität ist eine Tugend. Die Kunst des Liebens wird auch mit Humor bedacht, doch alles in einer Form der Diskretion, die alle schützt. Ich habe nie erlebt, daß eine Frau über eine andere schlecht redete. Die Frauen bieten sich Schutz, so daß – zumindest in einem geformten Kreis wie der Rabeas – kein Glied dieser Kette, schon aus praktischen Erwägungen heraus, verletzt wird. Man setzt sich über Begebenheiten und Ausrutscher mit Humor hinweg.

Rabeas Mund, dieses herrliche Tor, aus dem ihre tiefe, warme Stimme gurrt, raunzt, perlt und bebt, ist ein wunderbares Instrument, um Entgleisungen zu reglementieren. Eine Frau rief sie an: »Wissen Sie, daß Ihr Mann mit Frau X eine Affäre hat?« Rabea lachte: »Tatsächlich, dann muß sie aber sehr schön sein. Wie man an mir sieht, hat er einen guten Geschmack.«

Klick, die andere, keine Freundin von Rabea, legte erschrocken auf. Auch wenn die Regeln innerhalb des Freundeskreises eingehalten werden, ist diese Welt der fließenden Zärtlichkeiten, die Welt der gehüteten Schätze ein idealer Boden für maßlose Leidenschaft. Rabeas Haus war der Ort zweier Begebenheiten, deren Details sich in der Stadt so schnell verbreiteten wie die Schwalbenwolken, die man in Tanger so oft sieht.

In der kleinen Truppe, aus der sich das Personal zusammensetzte, hatte Rabea eine Frau, eben Zora, der Schatten. Über all die Jahre hinweg war ihre Zurückhaltung bei meinen Besuchen immer wie ein eisiger Hauch, der mir entgegenkam. Es gab keine Küsse, kein Geschnupper an den Wangen. Das schmale, ausgezehrt wirkende Gesicht tauchte immer nur kurz im Türrahmen auf. Auch servierte sie nie den Tee, wenn ich da war. Eines Tages jedoch brachte sie das schöne silberne Tablett mit den arabeskverzierten Gläsern und der bauchigen Teekanne. Ihre Mißbilligung war nicht zu übersehen, und auf meine Frage, ob ihr eine Laus über die Leben gelaufen sei, lachte Rabea ihr kehliges Lachen, zuckte mit den Schultern und entgegnete: »Was willst du, sie ist verrückt nach mir.«

Dies hat sich im Laufe des folgenden Jahres zugespitzt. »Allah ist mächtig, nichts bleibt ihm verborgen, und alles kommt ans Licht.« Es geschah folgendes:

Eines Tages gab Rabea eines ihrer erlesenen und an Eleganz kaum zu überbietenden Mittagessen. Auf dem Tisch standen kleine Rosenbouquets aus dem Garten. Voluminöse, intensiv duftende Rosen mit langen, dicken, an der Spitze rötlichen Dornen. Die geladenen Damen waren wie üblich gut gekleidet und die Unterhaltung ein Austausch von Informationen aus aller Welt. Denn man verreiste regelmäßig und hatte Kinder, die in Paris oder New York studierten. Man besuchte Ausstellungen, sah sich die neuesten Filme an und frequentierte die Theater, kurzum, es herrschte die Atmosphäre eines Salons aus dem 19. Jahrhundert.

Eine der anwesenden Damen war die Gattin eines wichtigen Mannes aus Regierungskreisen. Sie war weißhaarig, mit einer guten Haltung – eine Dame nach Rabeas Geschmack, eine Person, der sie nur das Allerfeinste vorsetzte. Es ist nicht so, daß sie das nicht immer anstrebt; es bereitet ihr Freude und Genugtuung. Nur diesmal kam zu dem Vergnügen auch ein gewisser Ehrgeiz hinzu.

Als Rabea nach den vorzüglichen Speisen zum Abschluß den Kaffee eigenhändig servierte, fiel ihr beim Ausgießen ein seltsamer Geruch auf. Sie hat ohnehin etwas von einer Stute, und es fällt mir leicht, mir das edle Gesicht mit den geblähten Nüstern in Erinnerung zu rufen, wie sie die Witterung aufnahm, einen unpassenden Geruch, Gefahr im Verzug... Sie entfernte das Glas und die Kanne aus der Reichweite ihrer Gäste und ging mit Stechschritt in die Küche. Dort saß die liebe Aisha und blickte befangen zu Boden, murmelte auf die Frage, wer den Kaffee gemacht hatte, nur: »Zora hat ihn gemacht.«

Zora sah ihr mit glühenden Augen ins Gesicht, das Kinn vorgereckt und entgegnete: »Mit dem Kaffee ist alles in Ordnung.«

Ihrem Gefühl folgend füllte Rabea in einem kleinen Nebenraum der Küche etwas von dem Kaffee ab, bestellte neuen und brachte den ersten Kaffee gleich nachdem ihre Gäste gegangen waren in das Labor einer befreundeten Apothekerin.

Schon wenige Stunden später stellte Rabea die liebende Zora zur Rede. Diese Auseinandersetzung fand unter schrillen Schreien und mit einer knienden Zora statt, die zumindest jetzt die Gelegenheit ergriff, Rabeas Schenkel zu umarmen und ihr Gesicht an den Schoß der schönen Herrin zu drücken. Rabea zog sie an den Haaren.

»Was war in dem Kaffee?«

»Es kann nur Putzmittel gewesen sein.«

»Du weißt genau, was es war. Gib es zu, oder ich zeige dich an.«

Die Wahrheit ist rührend und traurig. Und auch komisch. Im Kaffee war Zoras Urin. Sie hatte sich von einer »Jujufrau« beraten lassen, und diese hatte ihr das Geheimnis verkauft; es sei das einzig sichere Mittel, um Rabea endlich zu gewinnen. Sie in sich verliebt zu machen. Hätte Rabea ihren Urin getrunken, wäre sie für immer Zoras Geliebte geworden, für immer und ewig. So hatte es die Zauberin versprochen.

Nach der Entdeckung ihres verzweifelten Versuchs, ihrer Liebe Endgültigkeit zu verleihen, mußte sie freilich das Haus verlassen. Ob Rabea sie wieder aufgenommen hat, weiß ich nicht. Es gibt für die Häuser der Oberschicht immer Nachwuchs von »Mädchen aus den Bergen«, wie es ein tunesischer Schriftsteller beschreibt: »Die Kinder entstehen wie Holzspäne beim Schnitzen.«

Das gilt allerdings nicht für Rabeas Kreise. Diese Familien haben nur zwei oder drei Kinder. Die Liebe und Wärme, die innerhalb dieser Familien herrscht, unterscheidet sich wesentlich vom Miteinander in den Familien der europäischen Länder. Das hat mit dem Islam zu tun. Mit den Sonnenseiten des Islam. Es gibt ja keine Religion, welche die törichten Seiten der Menschheit verschwinden läßt. Nur soviel möchte ich sagen: Ich habe viele Länder bereist und keines erlebt, in dem das Verhältnis von Kindern, Eltern und Großeltern noch so voller Respekt und Liebe geprägt ist wie in Marokko.

Man sieht überall Zeichen der Bemühungen des mittlerweile verstorbenen Königs, der seine schönen und gewandten Töchter im Fernsehen für kleinere und somit wohlhabendere Familien plädieren ließ. In jeder Apotheke sind Zeichnungen zu sehen von Eltern, die weniger Kinder haben und diese daher gut versorgen können. Nicht weit von dem Viertel, in dem Rabea lebt, steht auf einem schönen, großen Grundstück die »American International School«. Mittags fahren die Mütter in kleinen, eleganten Autos dorthin und holen die Kinder ab.

Man sieht den Kindern an, daß sie das Ergebnis von Liebesnächten sind. Die meisten sind einfach schön. Oft sind die Mütter Amerikanerinnen, Französinnen oder, wie in Rabeas Fall, der Vater kommt aus der westlichen Welt. Es gibt wenig Orte auf der Welt, wo Klima, Nahrung und ein kosmopolitischer Boden so viele Kinder mit aufrechter Haltung und mit offenem, freundlichem Blick schaffen.

Auch daher ist es kein Wunder, daß schon in der Schule bei aller Keuschheit ungewöhnliche Leidenschaften entbrennen. Nicht immer verlaufen sie so glimpflich wie in Rabeas Familie:

Während einer der spektakulären Hochzeiten, die im Sommer auf märchenhafte Weise gefeiert werden, fiel im Garten ein junges Mädchen, die Schwester der Braut, einfach tot um. Harte Drogen, das Herz hatte aufgehört zu schlagen.

Im Rahmen dieses schillernden Festes, unter einem klaren Sternenhimmel mit der lächelnden Sichel des Mondes, die Luft angefüllt mit dem Duft des nachtblauen Jasmins, wirkte dieser Tod noch erschreckender, weil man sich in dieser Gesellschaft viel schwerer tut, den Tod zu akzeptieren. Er steht zu sehr im Gegensatz zu der heilen Welt, der paradiesischen Umgebung. So ein schönes totes Mädchen in einem prachtvollen Park hat unweigerlich auch etwas von Tausendundeiner Nacht an sich. Kurze Zeit nach diesem schmerzlichen Vorfall und der Trauer, an der die ganze Stadt teilnahm, ereignete sich bereits die nächste Geschichte. Auch ihr haftete etwas Märchenhaftes an. Ein junger Mann wollte Safia, der schönen Tochter Rabeas, beweisen, wie sehr er sie liebte. Er benützte dafür die moderne Form des Djinns, Kennern als »fliegender Geist« bekannt. Seit Jahren hatte er Safia aus der Ferne verehrt. Wenn sie mit ihrer gazellenhaften Anmut aus dem Auto stieg und im Morgenlicht auch ihm mit ihren weißen Zähnen und den großen grünen Augen ein freundliches Lächeln schenkte, so machte, wie er in einem Brief schrieb, sein Herz einen Sprung. Doch danach fiel er immer in ein tiefes Loch.

»Du wirst so einen häßlichen schwarzen Jungen aus Uganda niemals lieben können«, so schrieb er in einem anderen Brief, »doch ich werde etwas tun, das Dir zeigen wird, daß ich ein starker Mann bin, der mehr kann als all die verwöhnten Jüngelchen, die Dich umkreisen.«

Er tat etwas wahrlich Ungewöhnliches. Rabea und Safia erzählten es mir unter viel Gelächter: An einem Samstag gegen drei Uhr morgens, kurz nachdem Safia eingeschlafen war, die Nacht war warm und der Mond stand groß am Himmel, deklamierte der Junge aus Uganda Liebesgedichte und dazwischen seufzte er: »Safia, I love you, I do, I do« und wieder folgten Liebesgedichte aus Oscar Wildes »Salomé«. Rabea lief auf den Balkon. Safia, im langen weißen Nachthemd, versuchte ihn vom Fenster aus zu beschwichtigen. Rabea flüsterte mit ihrer intensiven Stimme, er solle sofort weggehen, sonst rufe sie den Vater. Doch erst als der ältere Bruder von Safia, der aussieht wie ein junger Gott, auf die Straße lief, hörte der Katzenjammer auf. Natürlich waren auch alle Nachbarn wach geworden, und in den Gärten hörte man Gekicher und das leise, raschelnde Geräusch von babuschbeschuhten Füßen.

Nicht lange nach dieser Begebenheit machte der junge Verehrer sein Versprechen war: Er entführte ein Flugzeug. Alle Zeitungen waren voll mit den Berichten, und Safia erhielt während seines kurzen Gefängnisaufenthalts wohl auch einen Brief, in dem stand, daß diese Entführung nur ein Liebesbeweis für sie war. Es kann auch nichts anderes gewesen sein, denn alle waren verblüfft über die sinnlose Tat. Er hatte den Piloten lediglich gezwungen zwischenzulanden. Etwas anderes wollte er nicht.

Weder diese Begebenheit noch andere Verrücktheiten, die Safia und den anderen jungen Schönheiten zum Geschenk dargebracht wurden, lösten bei den Mädchen eitles Gebaren aus. Ich glaube, das liegt daran, daß es dort, soweit ich es in Tanger erlebt habe, keine so rigiden Maßstäbe für Schönheit gibt. Ob die Mädchen und Frauen rund sind oder sehr schmal, ob sie das Haar lang tragen oder kurz, ob sie klassisch schön sind oder einfach witzig, man freut sich an dem Schönen in all seiner Vielfalt. Daher ist Eitelkeit, die immer auch mit der Ängstlichkeit zu tun hat, dem augenblicklich geltenden Schönheitsstandard nicht zu genügen, überflüssig.

Das betrifft auch das Älterwerden. Eine Frau erwartet nicht, daß sie mit vierzig so schön ist wie mit zwanzig. Sie ist in erster Linie eine Frau, die lebt und liebt und etwas leistet. Sie erwartet nicht, daß dieses Leben spurlos an ihr vorbeizieht. Die Schönheit eines Menschen, ob weiblich oder männlich, liegt in der Fähigkeit, Wohltuendes zu schaffen. Spannende Geschichten zu erzählen, ist in dieser Kultur immer noch ein wichtiges Element des Verzauberns. In Rabeas Kreis gibt es sehr reiche Menschen. Doch »reich« heißt nicht immer nur viel Geld.

Feste werden meist von einer Kapelle begleitet. Dann fordern Frauen Frauen zum Tanzen auf, und es wird vorgetanzt. Dabei zeigt die Augenärztin, die einem noch am Morgen eine neue Brille verschrieben und in der Praxis mit hochmodernen Lasergeräten hantiert hat, am Abend mit anmutigen Hüftbewegungen und einem bis in die Fingerspitzen gefühlten Musikempfinden, wieviel Spaß ihr das Leben macht. Und wieviel Spaß sie ihrem Mann machen kann. Zu solchen Abenden gehört auch, daß der bekannte Steuerberater, Herr X., ein seriöser Mann, mit einer nicht erahnten sanften Stimme wunderschöne Liebeslieder singt, daß man die berühmten Schmetterlinge im Bauch fühlt.

Das Schmetterlingsgefühl beherrscht im Frühjahr die ganze Stadt. Der regenreiche Winter ist warm und mit Meeresluft erfüllt, die einen zarten Salzgeschmack auf den Lippen hinterläßt. Dieser Regen ist immer ersehnt, denn wenn er ausbleibt, werden die Wasserhähne Tangers noch launischer, als sie es ohnehin sind.

Das Wort »wetterfest« gewinnt hier eine hand-

44

feste Bedeutung, denn wenn man in einem der neuen Hochhäuser wohnt, kann es passieren, daß man in der Küche steht und einen Salat macht, während man das Nachbargebäude langsam an sich vorbeigleiten sieht. Die Häuser entstehen binnen sechs Monaten im Sommer und werden zum Teil im Winter wieder hinweggeschwemmt. Nur in den alten Vierteln der Stadt ist der Winter gemütlich. Man fährt im bequemen Wagen zu einem Mittagessen, das im besagten Kreis der neuen Bourgeoisie im Turnus stattfindet. Im Kamin prasselt das Feuer, der Regen draußen schimmert golden in dem Licht, das durch Wolkenlöcher bricht, und köstlich duftendes Essen wird serviert. Man meidet gewisse Stadtteile, wo mit Drogengeldern die brüchigen Riesenhäuser gebaut werden, deren Treppen aus Marmor und Fenster aus Spiegelglas es an Stabilität fehlt, weil sie auf unebenem Gelände errichtet sind. Der Regen verwandelt die Straßen in sandige Flüsse, und die Häuser gehen in die Knie wie ein Riese, dem man die Sehnen durchtrennt hat. »Instant Karma« auf architektonischer Ebene sozusagen. Niemand aus der marokkanischen Bourgeoisie Tangers würde auch nur im Traum daran denken, sich in jenen Vierteln, wo diese monströsen Häuser entstehen, einzuquartieren.

Die stabileren Stadtteile Tangers liegen verstreut, wobei der große Boulevard, das lädierte

Juwel, die Hauptader der Stadt ist. Fährt man in Richtung Atlantik, kommt man durch ein Viertel mit vielen kleinen Villen, die zum Teil sehr gut erhalten sind. Dann führt der Weg durch verschiedene kleine Hügel und macht eine Achterbahnschwingung nach links. Gleich außerhalb des Stadtkerns liegen ein Golfplatz, ein Reitstall und dicht daneben auf einem Hügel der Friedhof für Ungläubige. Ich kenne keinen schöneren Platz. Es riecht nach würzigen Pflanzen, die Vögel zwitschern unablässig, und in unregelmäßigen Abständen kommt der starke, modrig süßliche Geruch von Pferden dazu.

Von hier aus führt der Weg weiter in die Höhe zur Vielle Montagne. Es ist sicher der feinste Ort, um in Tanger sein Leben zu verbringen. Aus den meisten Palais kann man nachts die traumhafte Kulisse der Stadt sehen. Es sind ebenso viele Hügel wie in Rom, und es gibt den berühmten Ausblick auf den »Coupe de Champagne«: Das Meer liegt vor einem wie in einem Champagnerkelch, durch den die Schiffe schwimmen. Viele der Mittagessen, die ein Kernritual der neuen Bourgeoisie darstellen, finden in den Häusern der Vielle Montagne statt. Die Bezeichnung »Mittagessen« kommt mir hier seltsam plump vor, ebenso unzutreffend wäre das Wort »Lunch«. Es beginnt schon damit, daß selten weniger als acht Menschen anwesend sind. Eine marokkanische

Gastgeberin dieser Kreise kocht zwar nicht selbst, doch sie kann kochen und wählt jene unter den Mädchen aus den Bergen aus, deren Begabung für die Kochkunst ihren Ansprüchen genügt. Sie bringt den Mädchen alles bei. Bei der Ankunft als erstes die Begrüßung durch die »Filles«, die Berührungen und Küsse. Die feine Duftspur der Speisen, die in ihren Kleidern hängt, erhöht den Appetit. Sobald alle Gäste da sind, fängt das Gelage an, allerdings mit wenig – wenn überhaupt – Alkohol.

Die marokkanische Küche ist so reichhaltig, üppig und schmackhaft, daß mir (Sie mögen mir verzeihen) die italienische im Vergleich dazu fad erscheint. Touristen, egal wieviel Geld sie ausgeben, kommen nie in den Genuß der wahren marokkanischen Kochkunst, weil die Präsenz der verführerischen Frauen, die Vertrautheit und die sinnliche Atmosphäre der Hausmädchen im Restaurant nicht zu finden sind.

Die guten Anzüge der Männer, ihr weißes Lächeln, das Schimmern des Meeres, die Freude am Erzählen und letztendlich die Toleranz der weiblichen Einheit gegenüber der männlichen Welt – all das spielt eine ebenso wichtige Rolle wie die Zutaten der Speisen.

Dafür geht »man« zum Marché de Fez. Ein kleiner offener Markt, der auch »Fouchon von Tanger« genannt wird. Es gibt verschiedene Märkte in der Stadt, der Marché de Fez gilt als teuer. Jedoch ist sein Besuch ein Erlebnis.

Als mich Rabea das erste Mal zum Markt mitnahm, fing es an zu regnen. Wir hatten gerade über Paul Bowles, den Schriftsteller, gesprochen, den sie »zum Tee« einladen wollte. In der ganzen Welt verhalten sich Menschen, was berühmte Schriftsteller betrifft, gleich. Man trifft jemand Besonderen und ist aufgeregt. Vielleicht kommt eine gewisse Befangenheit auch daher, daß man hofft oder fürchtet, sich eventuell in einer Kurzgeschichte verarbeitet wiederzufinden.

Plötzlich stand er an einer Straßenecke vor uns. Er wirkte so schmal und zerbrechlich.

»*Le voilà*«, rief Rabea, ließ das Seitenfenster des Wagens herunter und rief: »Sollen wir Sie mitnehmen?«

Er nickte, und ich sprang aus dem Auto und hielt ihm die Tür auf. Für einen kurzen Moment standen wir uns ganz nah gegenüber unter strömendem Regen. Ich dachte mir, wie schön seine blauen Augen waren, drückte schnell den Sitz nach vorne, denn bei seiner Zartheit hatte ich das Gefühl, er würde sich wie Zucker im Wasser auflösen. Er erklärte uns, daß er mit seinen Besorgungen früher als erwartet fertig war und nun auf seinen Chauffeur wartete, als der Regen anfing. Der Weg zu seinem Haus war nicht weit. Bevor er den Wagen verließ, sagte er zu mir: »Sie haben

schöne Augen.« Dann verschwand er im Haus-
eingang eines häßlichen Gebäudes aus den vierzi-
ger Jahren. Er lebte schon lange dort. Aber wozu
sollte ein Schriftsteller einen Palast brauchen, er
kann sich ihn ja schreiben.

Freitag ist der Tag, an dem man immer viel loses
Geld in der Tasche bei sich trägt. Am Freitag sind
alle Bettler auf der Straße, und wer Geld hat, muß
etwas davon abgeben. Es klingt sicher seltsam,
aber man entwickelt im Lauf der Zeit ein beson-
deres Verhältnis zu einigen von ihnen. Ich möchte nicht zynisch klingen, aber ich hatte zwei Lieb-
lingsbettler. Einer war blind, schlimmer, etwas
hatte seine Augäpfel spurlos verschwinden lassen.
Ich schwöre es, nach einem Jahr veränderte er seine Haltung, sobald ich mich ihm näherte. Sie
lächeln nie, wenn man ihnen etwas gibt. Aber er
gab mir etwas: Sein Gesicht wurde weicher. Er
merkte sofort an Gewicht und Größe, wieviel er
in der Hand hielt, er war sicher, daß ich nie ohne
eine Gabe an ihm vorbeigehen würde, und dieses
Vertrauen ehrte mich.
    Der zweite war unglaublich verkrüppelt, er lag
fast wie eine Spinne zwischen seinen Gliedern. Er
erkannte mich nie, nie lag auch nur ein Hauch
des Wiedererkennens auf seinem Gesicht, doch
immer gab es einen Austausch darüber, daß er
merkte, daß ich mich ihm ohne Ekel nähern und

ihm die Münze fest in die Hand drücken konnte. In einem Gefühl von Demut.

Es gibt vier Tore zum Markt, und an einem war gleich zur Linken ein bemerkenswerter Obsthändler. Er verstand sich auf die Verführung: ein großer Mann, etwas dick, sauber gekleidet, mit undurchdringlichen Augen und einem kleinen Mund, dessen Winkel nach oben zeigten. Wann immer er neue Früchte hatte, ob es sich um Aprikosen, Kirschen, Melonen oder Pfirsiche handelte, man konnte sicher sein, daß er einen umwarb und in den Genuß einweihte, ob man wollte oder nicht. Sein Stand war flankiert von Rosenhändlern. In dicken Bündeln standen die Blumen in großen Blechdosen, geordnet nach Farbschattierungen. Die Rosen rochen nicht stark, denn sie kamen aus Agadir, doch ein Hauch von Rosenduft hing noch in ihnen, und sie hatten Dornen. Es ist wie beim Obst. Was exportiert wird, ist steril, besprüht mit Giften und hat wenig Aroma. Die besten Waren kommen aus dem Umland. Viele Leute ahnen nicht, daß es in Marokko Gegenden gibt, die exakt wie die Schweiz aussehen, danach kommt die Wüste. Die Fahrt dahin dauert etwas mehr als einen Tag. Es gibt also alles: frische Äpfel und Feigen zur gleichen Zeit. Allerdings saisongebunden.

Sobald ich den Markt betrat, lächelte der Obsthändler mit seinem Rokokomund und hielt mich mit seinem hypnotisierenden Blick an: »Ich habe frische Datteln.« Dann nahm er eine lange und pralle Frucht, hielt sie in einer Hand und zog mit der anderen geschickt mit nach außen gebogenen Fingerspitzen die Haut wie ein Mützchen ab und steckte mir die Frucht in aller Form und Höflichkeit in den Mund. Die verbleibende Hülle hielt er in den Fingern und blickte mich forschend an, um zu sehen, wie meine Reaktion auf das eßbare Kleinod ausfiel.

So eine frische Dattel ist noch feucht und nicht so süß, wie sie in Europa nach ihrer langen Reise ankommt. Ihre längliche Form füllt den Gaumen ganz aus und schmilzt dahin. Es dauert eine Weile, bis sie sich auflöst, und die Symphonie der verschiedenen Geschmacksrichtungen läßt einen unweigerlich stöhnen. Sie sind süß, doch frisch zugleich, etwas blumig, doch auch holzig. Wie dem auch sei. Sein Gesicht war erst dann zufrieden, wenn der Kern ganz sauber in seine Hand gespuckt wurde. Er verkaufte die Datteln zu einem unverschämt hohen Preis, doch es war unmöglich, ihm zu widerstehen.

Im Bauch des Marktes gab es eine bemerkenswerte Bäuerin. Die traditionelle Kleidung bestand aus einem hohen Strohhut und einem gestreiften Tuch, das um den Körper gewickelt war. Das Tuch wurde auch dazu von ihr verwendet, einen Teil des Gesichts zu verhüllen, denn sie hatte eine kleine Deformation des Kiefers. Rabea kaufte ihre Kräuter nur bei ihr, und nachdem ich von Rabea bei ihr eingeführt worden war, kaufte auch ich nur bei ihr. Die Begrüßung war ungewöhnlich, da sie einen immer fest umarmte und einen wie ein Sumo-Riese etwas vom Boden abhob, sehr kraftvoll. Es war wohl ihre Art zu küssen, da sie ihren Mund immer verdeckt hielt.

Man bekam wirklich alles auf diesem Markt: Austern, Roquefort, gewisse Öle, die bei uns unbekannt sind, besondere Kräuter, und an einem Stand gab es ein großes Angebot an Vögeln und sehr schönen Papageien.

Vom Marché de Fez verläuft die Rue de Fez parallel zum Boulevard und endet an einem Platz, an dem einige der schönen alten Cafés liegen, in denen sich früher – 1936 bis 1956 – die Europäerinnen, die Immigranten und Flüchtlinge zum Kaffee trafen, um Vanillekipferl und Mehlspeisen zu verzehren, während man plauderte. Wie Wien am Meer muß es damals gewesen sein.

Wenige Tage nachdem mir Rabea den Markt gezeigt hatte, besuchte ich eines jener »Wiener Kaffeehäuser«. Das Wetter war schön, und ich setzte mich an einen Tisch, der nah an der Straße stand, die Glastür zum Café war geöffnet. Der Kaffee schmeckte nicht, doch es gab herrliches Gebäck. Meine Favoriten waren die Gazellenhörner, fingerlang, gewölbt und von unscheinbarer Farbe. Sie waren mit einer gewürzten Mandelpaste gefüllt, die man nach dem ersten Bissen bis in die Fußspitzen schmeckte.

Ich war so versunken in den Genuß, daß es ein Weilchen dauerte, bis ich das kleine, etwa sieben Jahre alte Mädchen wahrnahm, das sich vor mich hingestellt hatte und mich schweigend taxierte. Sie trug ein Lächeln auf ihrem Puppengesicht. Doch es war etwas an dem Lächeln, das so staubig wirkte wie ihre gelockten Haare und das blaue Kleid mit weißen Blümchen. Es war kein freies Lächeln, sondern seltsam traurig und lauernd.

Ich begrüßte sie mit »Bonjour« und bot ihr eines der Gebäckstücke an. Doch sie verstand kein Französisch, verschmähte das Gebäck und sah mich weiter prüfend an. Dann hob sie ihre kleine, schmuddelige Hand, spreizte die Finger und steckte ihre Zunge dazwischen. Es war etwas so Schreckliches und Bodenloses und kam so unerwartet, daß ich mir nicht vorstellen konnte, was offensichtlich war. Meine fehlende Reaktion quittierte sie mit einem Schulterzucken, und sie hüpfte leichtfüßig um die Ecke.

Lange Zeit behielt ich diese Geschichte für mich. Erst einige Jahre später erfuhr ich von einer deutschen Frau, die schon lange in Tanger lebte, daß vor der Stadt Menschen aus den Bergen ihre Zelte aufschlagen und ihre Kinder als Ware anbieten. Die Abgründe Tangers sind so tief, daß die respektable Bourgeoisie sich – unbemerkt für Außenstehende – wie mit hartem Panzerglas von allen, die mit Zwielichtigem zu tun haben, abschottet.

Die verschiedenen Stadtteile Tangers und ihre Bewohner gleichen Puzzlestückchen, die sich je nachdem mit einer kleinen Rundung oder einer Zunge in das andere Stückchen einfügen. Das Ganze ergibt ein schillerndes, aufregendes Bild. So brachte mich Rabea zu Beginn meines Lebens in Tanger in die Altstadt und stellte mich Majid vor, bei dem sie und viele andere, die orientalische Kunstschätze erwerben, verkehren. Seine Schwägerin Karla wurde das zweite Glied in meiner Frauenkette. Diese Kette, die mich schützte und mir so viel Liebe und Geborgenheit schenkte. Aber Rabea und Karla gehören nicht in die gleiche Welt. Karla gehört in die Kasbah, in der die Leute aus den Hügeln selten zu sehen sind. Doch die Zeit, in der ich mich dort hinwagte, lohnte sich, denn auch wenn es dort einen wahren Hades gab, die Freundschaft mit der Familie Mohammeds, Karlas Mann, legte sich wie ein schützender Mantel um mich...

»Meet me at the Kasbah, Karla«

Der Türrahmen, durch den man das Geschäft Majids betritt, riecht nach Sandelholz. Somit gibt es zwei Barrieren zur Straße. Man verläßt die Enge der sich windenden Hauptader der Medina, die Aufdringlichkeit der Händler, die schrillen Farben und die Schäbigkeit des Angebots. Der Geruch signalisiert »Hier kommt eine andere Welt«. Andere Waren, andere Menschen, andere Preise.

Das Innere des zweistöckigen Stadtpalais schimmert und lockt mit kostbaren Waren. Das von oben einfallende Tageslicht gibt dem Interieur die Atmosphäre eines Rembrandt-Gemäldes. Wie in der Altstadt, der Medina, üblich, fällt das Tageslicht von oben nur durch eine Öffnung zur Mitte.

Wer es sich leisten kann, hat eine Glaskuppel, doch manche der Häuser haben nur eine Öffnung. Es regnet herein und fließt durch einen Gully ab.

Durch die Öffnung können auch Vögel fliegen, die dann alsbald zum Haushalt gehören. Die Kuppel in Majids Geschäft jedoch ist dicht, weder Regen noch Vögel können eindringen.

Auf den ersten Blick bezaubern die Räume des unteren Stockwerks. Da sich das Tageslicht dauernd verändert, wandeln sich die Farben ununterbrochen; eine Holzschachtel, die man in der Hand hält, ändert ihre Farbschattierung so schnell, daß man meinen könnte, es sei ein Chamäleon.

Bis sich die Augen an die Lichtverhältnisse gewöhnt haben, wirkt der Raum mit seinen Bogen und den im Halbdunkel schimmernden Gegenständen ein wenig wie Ali Babas Räuberhöhle, doch dieser Eindruck verflüchtigt sich bald. Alles, was hier drapiert ist, hängt oder steht. Alles ist sauber und gepflegt wie eine Katzenpfote. Alles ist sorgfältig dekoriert und ausgestellt.

Hier wird man nicht zum Kaufen gedrängt. Man hat Zeit, sich rettungslos zu verlieben, einem Kaufrausch zu verfallen, der seinesgleichen sucht. Schon während ich auf einer der üblichen langgezogenen Bänke Platz nahm und es mir gemütlich machte, überfiel mich beim Anblick des Inhalts der großen, aus dem 19. Jahrhundert stammenden Vitrinen eine solche Gier, ein solcher Schwindel, daß ich dankbar war für den herrlichen Thé de Menthe, den der Besitzer für solche

Fälle, da bin ich sicher, immer schnell servieren läßt.

Die Vitrinen sind etwa vier Meter hoch und sechs Meter lang. Auf einem samtigen Untergrund sind große, prächtige Ohrgehänge, majestätische Halsketten, Kombinationen aus echtem Amber, Türkisen, Silber und Korallen, kleine spitze Tuaregdolche in enganliegenden Lederhüllen und die üblichen Krummdolche in feinst ziselierten Silberscheiden ausgestellt. Manche Wandbehänge zieren die Wände nur, andere trennen die Räume und schaffen durch ihre Form die Illusion palastartiger Bögen. Auch die Wandbehänge dienen diesem Zweck. Man kann sich durch solch einen Stoff in jedem kahlen Raum wie in einem Palast fühlen.

Eine große Treppe mit kunstvoll geschmiedetem Geländer führt in den oberen Stock. Hinter der Treppe locken mit ausgebreiteten Armen alte kostbare Kaftane; in einem großen Schrank hängen über hundert. Der obere Stock ist mit »weichen« Waren gefüllt: Gewänder, Teppiche, Tücher und noch mehr Wandbehänge.

Die Kaftane sind wie guter Wein, im Laufe der Zeit sind sie immer schöner geworden. Viele sind aus Brokat, doch es gibt sie auch aus Samt und besticktem Leinen, was jedoch sehr selten ist.

Schnell fand ich mich in einem prächtigen Gewand wieder, mit einer sorgfältig darauf abgestimmten Kette und einem Gürtel, der die Taille betonte. Schnell war ich um fünftausend Dirham ärmer und sah aus, wie eine Figur aus Tausendundeiner Nacht.

Die Teppiche in den Nebenräumen sind fast bis an die hohe Decke gestapelt. Trifft man eine Auswahl, so geht man dem Mitarbeiter, der diese hochträgt, nach und kommt über ein kleines Treppchen zu einer geheimnisvoll unscheinbaren Tür. Sie führt auf die große Terrasse, und der Anblick verschlägt einem den Atem.

Nach der Betäubung im Inneren durch die Farbenpracht, die Lichtspiele und sicher einer Prise Naphtalin, findet man sich auf der Terrasse wie auf dem Gipfel eines Berges wieder.

Jedes Haus in der Medina hat eine Terrasse mit Ausblick. Es ist gesetzlich verboten, dem Nachbarn diesen Blick zu verbauen. So hat jeder Bewohner, egal wie arm oder reich er sein mag, einen Zutritt zum Himmel von Tanger. Manche der Terrassen sind winzig, andere wie Tanzflächen. Hier oben ist es himmlisch, selbst im Sommer weht eine Brise.

Der Himmel und das Meer sind oft blau, doch es sind die Wolkenformationen und das Leben auf den Dächern, was dem Anblick das Kitschige einer Postkarte nimmt. Hier oben ist Leben. Und es ist ein anderes Leben als das in den schattigen Gassen.

Im Meer schwimmen immer Fähren, kleine Boote und Kreuzer. Da es selten Frachtschiffe sind, bekommt der Hafen etwas Operettenhaftes, leichtfertig Beschwingtes. Die Wolkenformationen ziehen hastig wie wechselnde Kulissen vorbei, manchmal, wenn sie sich auftürmen, fangen sie das Licht ein. Selten verbinden sie sich zu einer grauen Decke, die auf das Gemüt drückt. Zu manchen Zeiten wird der Himmel von anderen Wolken durchzogen: Es sind Vögel, die wie Fischschwärme auf geheime Zeichen reagierend stundenlang den Himmel durchziehen und phantastische Formationen bilden. Das kann man staunend betrachten wie ein Feuerwerk.

Doch das Überwältigendste, Majestätischste ist, hier oben nachts ein Sommergewitter zu erleben. Die Dächer der Altstadt geben im Dunkel ein wenig Licht ab wie Eisschollen. Das Meer und der Himmel verbinden sich zu einer rauchenden Wolke. Die Bäume, Sträucher und Palmen glitzern wie Meeresungeheuer, wenn sie vom Wind gepeitscht für einige Sekunden vom Blitz erhellt werden. Noch nie habe ich Donner und Blitze so nah auf dem Körper gespürt. Es ist, als würde man vom Weltuntergang angehaucht. Nur bei diesem Erlebnis habe ich mich hier fremd gefühlt. Es ist unmöglich, sich dem Rauschhaften dieser Wirklichkeit zu entziehen.

Die Welt auf den Dächern der Medina erzeugt

eine unverwechselbare Geräuschkulisse. Sie ist so eigenartig, daß ich Tanger mit geschlossenen Augen erkennen würde.

Die Dächer gehören den Frauen, hier sind sie seit jeher unverschleiert und besprechen sich von Dach zu Dach. Wenn sie sich miteinander unterhalten, klingt das wie eine Symphonie. Gespielt auf Oboen und Klarinetten, garniert mit Truthahngegacker. Der Wind schwingt den Taktstock und bestimmt die Tonlage. Untermalt wird das Ganze von den wehmütigen, arabischen Gesängen aus dem Radio. Gelegentlich mischen sich auch echte Hähne ein. Das Timing ihres gräßlichen Krähens ist nicht zu enträtseln. Ich denke, sie krähen dauernd, allerdings wird ihr penetranter Gesang nur dann deutlich, wenn die anderen Bewohner schlafen.

Auf jeden Fall übertönen die Frauen mit ihrer Truthahnsymphonie die Hähne, und auch der marokkanische Mann fürchtet sie. So sanft die Frauen meist wirken, wenn sie Platz brauchen, schaffen sie dies leicht mit der akustischen Waffe. Die Männer flüchten verständlicherweise.

Meist treffen sich die Frauen morgens, um die Wäsche aufzuhängen. Eine ganze Armee bunter, zappelnder Kleidungsstücke nimmt dem Anblick etwas von seiner ungebrochenen Romantik. Mir gefällt gerade das. Sie wirken wie Wimpel und Flaggen, wie ein Volksfest. Nur nach dem Regen hängt hier keine Wäsche, dann bekommt der Ausblick etwas Märchenhaftes und für mich anfänglich Unheimliches. Ich wurde von ständigen *Déjà vues* heimgesucht, vor allem in der Medina hatte ich ständig das Gefühl, mich in »Vorgeträumtem« zu bewegen.

Erst nach Monaten und nach einem Gespräch mit einem englischen Maler löste sich das Rätsel. In den Märchenbüchern, die ich seit vierzig Jahren sammle, waren von Edmund du Lac, meinem von mir leidenschaftlich geliebten Maler und Zeichner, die Gassen und Dächer der Medina und der Kasbah zur Jahrhundertwende als Spielplatz vieler Märchen festgehalten. Da viele der Menschen hier traditionell gekleidet sind und sich auch die Gesichter nicht verändert haben, war mein Eindruck, ständig in einer mir bereits bekannten Kulisse herumzuwandern, gar nicht falsch.

Das *Virus de Tanger* ist keine neue Krankheit. Es ist ein Fieber. Die Welt in Tanger, die sich genießen läßt, hängt von dem Gespür und der Fähigkeit ab: die Hand ins Feuer halten, ohne sich die Finger zu verbrennen.

Der Weg von Majid zu Karla und Mohammed ist nicht weit. Nur ein paar Schritte, doch ist er immer ein Spießrutenlauf. Aus allen Läden klingen Lockrufe, bei denen aber eine unüberhörbare Forderung mitschwingt. Wenn man sich schon in ihrer Welt aufhält, dann soll man Wegegeld bezahlen.

Selbst wenn man den Händlern vertraut wie ich, ist die verzweifelte Situation der Basaris nicht zu ignorieren. Es war einmal sehr prachtvoll hier, jeder Ladenbesitzer konnte mit beträchtlichen Einkünften rechnen, auch die Handwerker und ihre Familien. Doch langsam versiegte der Besucherstrom. Mit dem Niveau der Touristen sank auch das Niveau des Angebots und die Ruhe und Gelassenheit der Händler.

Natürlich gibt es eine Klientel aus Malaga und Marbella, die regelmäßig Shopping-Trips nach Tanger unternimmt. Diese Besucher werden von den Händlern angefallen wie Wegelagerer und Beutelschneider. Der kultivierte Besucherstrom bleibt aus. Die meisten Europäer und Amerikaner kennen nicht den Unterschied zwischen Algerien, Ägypten und Marokko. Das ist ungefähr so, wie wenn niemand nach London reiste, weil es in Nordirland die IRA gibt.

Es herrscht also Verzweiflung. Sie wird mehr oder weniger deutlich, flackert wie Kerzenlicht in den Augen der Händler. Die Besucher kaufen entweder für Tausende oder feilschen um ein paar hundert Dirham. Die Unsicherheit schafft Verzweiflung. Doch da es sich um Tanger handelt, mit seiner jodhaltigen Luft, seinem speziellen Klima, bedingt durch das Aufeinandertreffen der

Meere, seinem besonderen Licht, der Aufregung, die jeder Hafenstadt eigen ist, seiner Geschichte, seinen Bauwerken, den starken Gerüchen aus den Märkten und den vielen Sprachen der Bewohner – all dies ist auch Futter, eine Art Nahrung –, darum ist die Verzweiflung mit Wollust und Humor durchsetzt.

Es herrscht hier aber keine Ferienortstimmung. Nicht die übliche Subtropenidylle und Misere. Nicht jene Atmosphäre, von der Hitze diktiert, welche unweigerlich schwere Glieder und eine gewisse Apathie zur Folge hat. Das *Virus de Tanger* ist eher eine Überstimulation, eine Aufregung, die einen schon morgens befällt.

Ich tanzte schon um sieben Uhr morgens allein im Garten oder auf der Terrasse. Alle Sinne waren hellwach und bekamen ständig Nahrung. Es erotisierte. Man muß sich vorstellen, daß hier keine Welt ist, in der man so viele Bilder an den Wänden und in den Kiosken sieht, daß der echte Mensch, die berührbare Schönheit einer Frau, sekundär wird. Wenn man von dem Blick einer schönen Frau gestreift wird, ist dies eine lebende Person.

Eine schöne Frau, die einen liebend betrachtet, oder ein Mann, der intensiv schaut, ist weder ein Plakat noch ein Titelbild, sondern ein lebender Bestandteil der Wirklichkeit. Diese steht nie still.

Die Flüchtigkeit des Augenblicks bestimmt die Intensität der Eindrücke.

Erst aus der Ferne entpuppt sich das Vertraute und Nahe. Erst wenn man in einer anderen Welt lebt, wird die Störung der Bilderwelt auf das sinnliche Empfinden offensichtlich. Nicht terrorisiert durch diese zweite Dimension der Wirklichkeit, entsteht ein ganz anderes Selbstbewußtsein, ein anderes Empfinden für das Begehren und Begehrtwerden.

Das ist kein Zufall. Der Islam verbietet die Welt der Bilder. Einfach ausgedrückt: Man soll Gott nicht ins Handwerk pfuschen. Das steht ja auch in der Bibel, und wenn man sich dann tatsächlich in einer Welt bewegt, wo dieser Rat aufgenommen wird, zeigt sich im Erleben, daß er so schlecht nicht ist.

Die Atmosphäre dieser Welt färbt auch auf die Ausländerinnen ab, die hier leben.

Sehr bald nach meiner Ankunft lernte ich eine Amerikanerin kennen, Karla, die mir während meines Aufenthalts in Tanger ganz fest ans Herz gewachsen ist. Sie wurde mir so angekündigt: »the Anita Ekberg of the Kasbah«.

Doch auch wenn ihr Haar blond und die Brüste riesig sind, so vermittelt sie nichts von einer Sexbombe. Zwar flattern ihre kleinen Hände beim Sprechen in arabischer Manier um die Brüste wie Vögel um Zuckerhüte, doch ihre Sexbombenausstattung hindert sie nicht daran, mit blitzgescheiter Bodenständigkeit hier nicht nur zu überleben, sondern vielmehr ein strukturiertes, kreatives Leben mit einem der nettesten Männer der Welt zu führen. Sie hat sich in den marokkanischen Alltag, in das arabische Leben integriert, ohne dabei ihre Identität aufzugeben.

Ihr Alltag hat nichts Alltägliches. Schon die Standorte verhindern dies. Das Geschäft liegt am Petit Sokko. Das ist ein kleiner Platz, das Herzstück der Medina. Das Haus, in dem sie leben, ist in der Kasbah und kann, ohne zu übertreiben, als paradiesisch bezeichnet werden. Zwischen diesen Standorten spielt sich alles ab, was das Leben zu bieten hat. Könnte man die Dächer der Häuser abdecken und einsehen, würde einem schwindlig werden ob der Vielfalt und vor allem der Widersprüchlichkeit. In der Altstadt sind Geborgenheit und Abgrund jederzeit zu finden; es kommt darauf an, was man sucht und ob man Glück hat. Das Ineinanderfließen der Widersprüche hat von jeher eine Faszination geborgen. Aus einem Vorwort einer meiner Ausgaben von »Tausendundeiner Nacht« entnehme ich die 1914 geschriebenen Sätze: »Neben Zügen von wildester Barbarei und grausamer Härte ... eine Innigkeit und Zartheit des Gefühls ... wie sie von unserer stolzen (der Verfasser ist deutsch) Kultur schwerlich übertroffen werden kann ...« Wenig hat sich geändert, und klein ist der Unterschied zwischen Märchen und Wirklichkeit.

Tanger ist nicht mehr das, was es einmal war, aber es ist immer noch schön. Es hat nichts Disneyhaftes, es lebt. Tanger liegt zwischen den Zeiten, so wie es zwischen den Meeren liegt. Selbst der Wind scheint manchmal aus anderen Epochen zu blasen.

In der Altstadt lassen sich mühelos die finstersten Abgründe ausloten. Es reicht, sich zu verlaufen, dann braucht man ein Löwenherz oder einen Retter, um sich wieder aus dem Treibsand zu befreien, in den man schnell gerät.

Auf dem kurzen Weg von Majid zu Karla wollte ich sehen, wie es hinter den Einkaufsstraßen aussieht. Schon befand ich mich in einer Sackgasse mit einem großen Tor, vor dem drei Männer standen, staubig, schäbig gekleidet und mit dem gelben Blick der Haschischraucher und Majun-Esser. Ich drehte mich um, ohne sie zu fragen. Sie liefen hinter mir her und flüsterten heiser: »*Eh, Madame, voulez vous ...*« (das übliche: Hasch, meinen Bruder, meine Schwester, meinen Esel ...) Mein Herz klopfte laut vor Angst. Bei dem Versuch, einen Ausgang zu finden, stieß ich immer wieder auf das, was in diesem Falle sehr treffend auf Englisch mit *dead end street* bezeichnet wird. In meiner Panik blieb die Zeit stehen, so meinte ich meine Nachfolger seit Stunden hinter mir, und sie kamen immer näher. Ein kleiner Junge, der vor einer Tür saß, erkannte meine Not und fragte nur: »Petit Sokko?«

»Ja, ja, o ja«, stieß ich hervor.

Er führte mich aus dem Labyrinth und brachte mich zur Boutique von Karla. Ich gab ihm viel Geld und einen Kuß auf die Wange. Am liebsten hätte ich ihm die Hand geküßt.

Tanger ist bodenlos. So fühlte ich den Anblick dieser Männer mit dem diabolischen Grinsen wie die Einladung in die Hölle. Der Junge vor der Haustür hingegen verwandelte sich in einen Engel.

In diesen Gassen bringen Mädchen Kinder zur Welt und lassen sie in Zeitungspapier gehüllt liegen. Maria, eine weitere arabische Freundin von mir, hat ein Adoptionszentrum für diese Kinder eingerichtet. Der Saum zwischen Himmel und Hölle ist sehr schmal. Die Wege zwischen den Welten sind kurz, die Abgründe tief. Doch man kann die Lasterhaftigkeit an sich vorbeiziehen lassen. Karlas Boutique ist wie eine Loge, aus der sich das Leben wie eine phantasievolle Theaterinszenierug beobachten läßt. So saß ich oft neben Karla in der Boutique, wie die beiden älteren Herren aus der Muppet-Show.

Die Boutique wird »Bootiik« ausgesprochen, von ihr mit starkem amerikanischem Akzent, der auch in ihrem Arabisch, das sie gut beherrscht, unüberhörbar mitschwingt. Zäh weigert sie sich, Französisch zu lernen. In der Frauenschar, die sie umgibt, findet sich keine Französin. Die Amerikanerinnen und Engländerinnen mischen sich nicht mit den Französinnen. Sie können sich nicht ausstehen, und daher ist Tanger immer noch auf gewisse Weise in Protektorate aufgeteilt.

Eine der amüsantesten Angewohnheiten Karlas ist das Beenden der Sätze anderer, vor allem ihrer Freundinnen. Karla ist eine Frau, der man Dinge erzählt, der man Geheimnisse anvertraut, ob sie sie interessieren oder nicht. Ich konnte nie abschätzen, ob diese Angewohnheit, die Sätze anderer zu beenden, eine Art Rettungsmaßnahme war, um Lebenszeit für sich selbst zu gewinnen, oder eine Art literarischer Wunsch, Sätze zu vollenden.

Die Besucherströme folgen einem eigentümlichen Rhythmus. Wie eine Gezeitenfolge. Die Flut bringt große und kleine Boote, Strandgut und Piraten an Land. Ab zehn Uhr morgens ist die »Bootiik« geöffnet. Der Petit Sokko hat drei Häuserfronten, zwei davon haben im Erdgeschoß Cafés. Karlas Boutique ist flankiert von jenen kleinen Geschäften, die Zigaretten, Radios und Postkarten, aber auch, bestimmt durch die Schwarzmarktlage, batteriebetriebene Handventilatoren in schrillen Farben aus China und Tennisschuhe aus der Türkei feilbieten.

Zur dritten Seite ist der kleine Platz offen. Eine

bucklige Straße führt an der Moschee vorbei durch ein Tor in Richtung Hafen, zum Bahnhof und schließlich zu einer langen Strandpromenade, gesäumt von wunderbaren Restaurants, die nur im Sommer geöffnet haben.

Wenn Karla morgens die Eisengitter aufsperrt, welche die schönen gewölbten Scheiben der Boutique nachts schützen sollen, haben die Cafés auf dem Platz längst geöffnet. Aber sie bleiben noch eine Weile leer. Das Café zur Linken befindet sich in einem Haus aus dem 19. Jahrhundert. In einem der Stockwerke gibt es eine Koranschule. Zu gewissen Zeiten ist die eigenartige Intensität der Sprechgesänge zu hören. Solche Schwingungen produzieren auch andere Religionen. Wahrscheinlich würden auf dem Rücken liegende Käfer Ähnliches von sich geben, wenn sie singen könnten... Man versucht, die Angst vor den Imponderabilien des Lebens zu beschwichtigen. In gemeinsamer Trance vergißt man die Ängste.

Tagsüber ist die Tür zwischen den gewölbten Schaufenstern immer geöffnet. Sie ist nicht sehr weit; es können keine Scharen auf einmal eintreten. Karla sitzt hinter einer Theke, die nicht viel größer ist als eine Schulbank. Ich selber plazierte mich immer schräg hinter sie, um nicht zu stören und um ungestört beobachten zu können. Bevor die Besucher kamen, hatten wir immer Zeit für einen gemütlichen Kaffee. Die Bestellung rief sie sitzend einfach nach draußen. Etwas wie: »Oach oach Café o läi.«

Kurz darauf überquerte der große, nobel aussehende Kellner – mit allerdings nur noch wenigen Zähnen im Mund, was seiner Eleganz aber wenig Abbruch tat – mit einem blank polierten Silbertablett den Platz. Er sprach französisch, Karla nicht. Wir befolgten das Begrüßungszeremoniell. Jede in ihrer Sprache.

»Guten Morgen, wie geht's? Und der Familie? Alles in Ordnung? Wunderbar, Hamdullah.«

Das Hamdullah ist der wichtigste Teil. Auch die Sprechweise hat einen eigenen, reglementierten Rhythmus. In einem Atemzug und so, als ob die Worte die Treppe mit kleinen Stufen hochspringen würden.

»Bonjourçavaetlafamilletousvabien«, dann das Schlußwort mit einem neuen Atemzug und genau in dem Ton der Erleichterung, den wir auch verwenden: »Hamdullah«, fast seufzend, doch auf jeden Fall erleichtert. Ich liebe es, denn auch wenn wir es nicht mehr wahrhaben wollen, ob etwas gutgeht oder nicht gutgeht, liegt letztlich nicht in unserer Hand. Deshalb folgt immer »Hamdullah« oder »Inshallah« (Gott sei Dank oder: So Gott will).

Auch wenn man nicht unbedingt an einen Gott mit Bart und Kutte glaubt, so ist man nur bedingt Meister seines Schicksals. Wie John Lennon schrieb: »Life is what happens while you are busy planning other things ...«

»Inshallah«. Eben.

Zwischen zehn Uhr dreißig und elf Uhr tauchen die ersten Touristen auf. Diese könnte man in drei Kategorien einteilen.

Gruppe eins: eine in unsäglichen Farben gekleidete, Radlerhosen tragende, dauergewellte Herde, die eine unübersehbare Ähnlichkeit mit Schafen hat. Sie durchstreifen, von einem gewieften Führer geleitet und manipuliert, die engen Gassen und Ladenpassagen. Sie kriegen nur die schrecklichen Seiten der Stadt mit: Gedränge, Aufdringlichkeit, Betrug über Betrug.

Wenn ich sie sah, prangte in meiner Vorstellung eine Leuchtschrift mit dem genialen Satz von Hans Magnus Enzensberger über ihren Köpfen: »Der Tourist zerstört das, was er sucht, indem er es findet.« Auch springt aus ihren Blicken das Nichtverstehen, eine perfekte Ahnungslosigkeit, wo die Busreise sie überhaupt hingeführt hat. Traurigerweise sterben gelegentlich die männlichen Besucher. Ich habe mitgekriegt, wie innerhalb eines Jahres zwei dieser blassen, etwas übergewichtigen Männer, kurz nachdem sie nach einer sich über Tage und Nächte hinziehenden Busreise ihr Ziel endlich erreicht hatten, den Vorsatz: »Neapel sehen und sterben«, auf Afrika umgemünzt, mit einem Herzstillstand verwirklicht haben.

Gruppe zwei sitzt meist als Pärchen etwas benommen im Café, während ein einheimischer Begleiter sie wie ein stolzer Hundehalter an der kurzen Leine hält. Diese Leute sind meist jung und kommen nach Tanger, um Haschisch zu rauchen oder andere Abenteuer zu erleben. Sind die Mädchen hübsch, wird dies unweigerlich passieren.

Die Hotelmanager beschweren sich immer, daß gerade die junge englische Abenteuertouristin bei der Suche nach Liebesabenteuern sich nicht für sie, die sauber gepflegten Herren entscheidet, sondern in die Altstadt zieht und die lokale Schmuddelvariante vorzieht. Dort holen sich die meisten Krankheiten, auch Entführungen sind nicht ausgeschlossen. Bei den jungen Männern gibt es andere Szenarien: Gelegentlich stürzt einer aus dem Fenster, die Schwester und/oder Freundin sind samt Habseligkeiten aus dem Hotelzimmer verschwunden. Der Hotelmanager hat nur Scherereien mit den Buben, die tief gestürzt sind.

Diese Gruppe bietet auch keinen schönen Anblick, wenn sie weggetreten im Café sitzt. Das kann durchaus der Anfang vom Ende sein. Es gibt in der Altstadt eine deutsche Frau um die Vierzig. Ihre Augen sind tot, man kann sie nicht mehr erreichen, man weiß nicht, wo sie hingehört. Gekleidet ist sie im arabischen Look. Leggings mit Blumenmuster und eine ramponierte Dschellaba.

Das ungewaschene Haar ist offen. Längst findet niemand mehr Zugang zu ihrer Seele. Sie wird wohl anfangs auch in einem dieser Cafés gesessen haben. Aber sie überlebt, und das liegt am sozialen Netz der Kasbah, das auch die Elendsten nicht ganz fallen läßt. Da sie niemandem weh tut, wird sie von irgendwem irgendwie durchgefüttert.

Schließlich die dritte Gruppe: Das sind jene, die zur Kundschaft von Majid und Karla gehören. Sie sind meist da, um Freunde zu besuchen, die sich in Tanger niedergelassen haben, Künstler oder wohlhabende »Elfen« wie David Herbert. Sie sind immer gut gekleidet und wahnsinnig exaltiert. Wer ihr Tanger zeichnet, beschreibt Atlantis, es schwebt wie ein Schleier zwischen den Hügeln.

Belebt durch das Klima, die Taschen voller Geld, der Kitzel, so nah an der Gefahr *shopping* zu gehen, durchstreifen sie *on the edge* die Medina und hinterlassen volle Kassen. Wenn sie sich in der »Bootiik« einkleiden, verlassen sie diese in einem Lawrence-von-Arabien-Look. Mit weit ausgebreiteten Armen stellen sie die aus weichen handgewobenen Stoffen geschneiderten Kleidungsstücke aus. Zu Hause werden sie albern darin aussehen, doch was soll's. Hier wird ein Stadtteil am Leben erhalten. Auf der Straße wird die Kleidung unter Gejohle, Gequietsche und Geschnatter getragen. Alle Sprachen wirbeln durcheinander, und sie haben etwas von einer Geierschar, die sich im Café niederläßt, wollüstige Blicke auf Knaben werfend und immer *friendly*. Sie werden von den Händlern als Käufer geschätzt, da ihnen Qualität Freude macht und sie dadurch dafür sorgen, daß Gegenstände von Qualität erhalten und produziert werden.

Sehr oft sah ich eine kleine Tuntenschar in der Begleitung eines hochgewachsenen Engländers. Er war mir mit seinen afghanischen Windhunden am Strand und in der Stadt spazierend aufgefallen. Von Karla wurde er mir an einem schönen Frühjahrsmorgen vorgestellt, und nach Erwähnung meines Namens sagte er: »Don't tell me that you are Christine Kaufmann, that's too depressing.«

Was sollte ich dazu sagen, noch dazu zu einem älteren Herrn mit schütterem grauem Haar und mit Zähnen wie ein lädierter Gartenzaun?

»Why is it depressing?« fragte ich.

Und erhielt ein ernstgemeintes Kompliment: »You look so young, and I used to be younger than you.«

Er war jünger als ich, teilte aber anscheinend nicht meine Vorliebe für Körperpflege und Zahnseide. Wie dem auch sei, er war ein *jolly good fellow* und half anderen, ihr Geld auszugeben. Daher strahlten Karlas, Majids und Mohammeds Augen, sobald er mit seinen Freunden erschien. Bei einem Gespräch mit ihm fiel mir Karlas Angewohnheit, die Sätze anderer Leute selbstgestalterisch zu beenden, zum ersten Mal auf. Zum Beispiel beschrieb Mr. X die Erscheinung seines Lebensgefährten, der für sexuelle Begegnungen am liebsten Frauenkleider trägt: »Es fasziniert mich, wenn er mit seiner Hakennase und der schief sitzenden Brille in einem engen roten Samtkleid angewackelt kommt. Denn, um ehrlich zu sein ...« Kaum fing er an, nach Worten zu suchen, beendete Karla den Satz mit: »... er sieht aus wie ein Gespenst.«

Die Kaltschnäuzigkeit verwirrte ihn ein wenig, vielleicht auch die Auslegung, die jeder Romantik entbehrte. Nachdenklich suchte er das Weite.

Kurz vor Mittag schauten oft die englisch sprechenden Freundinnen Karlas vorbei. Doch diese Pläuschchen sind nicht unbedingt das, was Karla sich während der Geschäftszeit wünscht, zumal diese Kundinnen nicht sehr kauffreudig sind.

Auch da wird die Beschreibung privater Dramen gerne abrupt abgekürzt. Die Geschichten sind für Karla selten neu. Vor allem eine Amerikanerin war es, die Karla mit epischen Berichten langweilte: »Er hat mir geschworen, mich nicht mehr zu betrügen. Doch jetzt habe ich ihn wieder erwischt und ...« Sie holte unvorsichtigerweise Luft.

»... du würdest ihm am liebsten die Eier abschneiden«, bot Karla lakonisch an. Da es sich in diesem Fall um eine Frau handelte, die sich freiwillig in die freudlose Fassung des Kleidungsstils einhüllte, welche religiöse Inbrunst signalisiert, erntete Karla nur ein schroffes »Good bye«.

Doch Karla war zufrieden, wie immer, wenn sie den Laden zur Mittagspause schließen konnte. Wir begaben uns auf den Weg nach Hause, der für mich zur geliebten Routine wurde. Den Laden schließen, auf dem Markt des Grand Sokko frische Waren fürs Mittagessen kaufen und dann den steilen Weg hoch in die Kasbah zum Mittagessen.

Der Markt liegt am Grand Sokko, wie der Name sagt, ein riesiger Platz mit schrecklich viel Verkehr, was jedesmal, wenn ich aus der Medina kam, wieder in mir einen Schock auslöste. Das Leben ohne Autos in der Altstadt ist wirklich luxuriös.

Der überdachte Markt unterscheidet sich wesentlich von den europäischen Märkten. Er ist archaisch, betörend und grausam. Bevor man zu den kleinen Ständen kommt, sitzen in den Eingängen Bäuerinnen und bieten ihre selbst geernteten Waren an. Meist Kräuter, doch auch Nüsse und Eier. Sie alle tragen die traditionelle Tracht der Berberinnen: Beinkleider, rot-weiß gestreifte Tücher, die den Körper einhüllen, und hohe, kunstvoll geflochtene Strohhüte mit fransenverzierter, breiter Krempe. Der Hut wird von einem Tuch am Kinn festgehalten. Eigenartig ist, daß ihre Tracht das Individuelle ihrer Gesichter unterstreicht. So hat die eine ein rundes Gesicht mit schmalen Augen und einer Stupsnase, daneben ein schmales Gesicht mit Hakennase und großen schwarzen Augen. Die Haare sieht man nicht. Oft sind die Hände mit Henna gefärbt, denn sie tragen keinen Schmuck. Unweigerlich entwickeln sich im Lauf der Zeit Präferenzen und Gewohnheiten. Bei der einen kauft man die Eier, bei der anderen die Kräuter und so weiter.

Hinter den Bäuerinnen befinden sich die Blumenstände in Schockfarben, da ein großer Teil aus Plastik ist. Dazwischen gibt es herrliche echte Calla und, je nach Jahreszeit, Narzissen und betörend duftenden Jasmin.

Bald darauf kommt man zu der Fleischabteilung. Lebende Hühner hängen an den Füßen aufgehängt in Bündeln von den Ständen. Aus der Ferne sieht ihr besonders schönes Federkleid aus wie Herbstlaub. Ihr Leben ist bis zu dem Tag, da sie zum Markt gebracht werden, frei. Man kann sie also »frisch« kaufen und zusehen, wie sie geschlachtet werden. Dies passiert nicht unter lautem Gegacker, lediglich ein leises letztes Gurren entweicht ihren Kehlen.

Wem das noch nicht reicht, dem dürften die übereinander gestapelten Schafsköpfe den Rest geben. Gehäutet, mit eindringlich blickenden Augen liegen sie da, die Zungenspitze etwas herausgestreckt. Seltsamerweise wirken sie tot irgendwie lebendiger.

Der frische Käse ist in große Blätter gehüllt und mit einer Pflanzenfaserschnur zum Paket verschnürt.

Da der Markt überdacht ist, schweben über den Waren die verschiedensten Geruchswolken. Kräuter, Fleisch, Käse, Tomaten, Paprika in allen Formen und Farben. Riesige Berge von allen erdenklichen Gemüsesorten und Obst. In einem kleinen gewölbten Gang werden eingemachte Waren angeboten: Zitronen, Oliven, Auberginen. Die spezielle Marinade ist so herrlich pikant und salzig, daß mir allein von der Beschreibung das Wasser im Mund zusammenläuft.

Dahinter befindet sich die Halle mit den fangfrischen Fischen und sonstigem Meeresgetier.

Meist werden die gekauften Waren von einem der kleinen Jungen, die sich als Träger anbieten, für ein geringes Entgelt nach Hause getragen. Auf diese Weise habe ich einen überraschenden Knaben kennengelernt, eine kleine Märchenfigur. Er hatte die Schule besucht, bis das Geld der Eltern nicht mehr reichte. Bei der ersten Begegnung fragte er mich, weil ich aus Deutschland komme, über Luther aus. Religion und Philosophie faszinierten ihn. Er war zwölf und las sehr viel. Ich besorgte ihm in einem Hotel einen Job. Er hatte rote Wangen und war wirklich sehr lieb.

Allerdings trugen Karla und ich die Tüten oder Strohtaschen selbst den Hügel hinauf, was sie mit »Who needs a workout with this« kommentierte.

Der Begriff Kasbah bezeichnet den Lehmpalast des Sultans. Wie in Europa üblich, steht auch hier der Palast auf dem Hügel und ist umgeben von einer Mauer. Wer innerhalb der Mauern lebt, wohnt im Schutz und unter den Fittichen des Sultans. Zur einen Seite liegt die Kasbah von Tanger ganz nah am Meer. Das macht sie zu etwas Besonderem, die Meeresbrise und der Blick nach Spanien.

Karlas Fitneßwalk führt auf einer ansteigenden Straße an Häusern vorbei, die im 19. Jahrhundert außerhalb der Kasbah gebaut wurden. Wie fast überall sehen die Fassaden aus wie angegessene Hochzeitskuchen. Sich vom Fuß des Hügels bis nach oben zum Tor in die Kasbah durchzukämpfen, ist eine Leistung. Händler mit winzigen Ständen oder morschen Karren bieten Waren an. Bis zu einem Meter hohe Berge aus Erdbeeren oder anderen Früchten. Kauft man diese erst gegen Mittag, fliegen bereits Schwärme von Wespen um sie herum. Der Duft ist sehr verführerisch. Das Obst wird in Tüten wie im Nachkriegsdeutschland eingepackt, die ungebetenen Gäste werden mit kleinen, heftigen Gesten verscheucht. Auf der Straße tummeln sich verschleierte Frauen, Esel,

Wasserträger. Autos bahnen sich vorsichtig ihren Weg durch die Menschenmenge. Wenn sie jemanden anfahren, stürzt sich das Fußvolk wie Piranhas auf sie.

Immer wenn wir nach dem Fußmarsch schwer atmend das Tor erreichten, durch das man die Kasbah betritt, hatte ich das Gefühl, mir diese Oase an Geborgenheit und Schönheit redlich verdient zu haben. Karlas Haus mit der Adresse Kasbah Numero 5 steht fast frei, das ist ziemlich ungewöhnlich für den Wabenbau. Das vierstöckige Gebäude lehnt sich nur zu einer Seite an die Mauer aus der Römerzeit. Während der Renovierungsarbeiten stieß man auf Münzen und Scherben aus verschiedenen Epochen; jeder Umbau in der Altstadt bringt archäologische Funde hervor.

Die geschmackvoll geschnitzte Tür mit dem üblichen großen Klopfer ist neu und wird, weil sie so sorgfältig und schön gearbeitet ist, später eine schöne Antiquität abgeben.

In zwei Jahren haben Mohammed und Karla aus dem verfallenen Gebäude ein Haus geschaffen, in dem orientalische Kunstfertigkeit sich mit den praktischen amerikanischen Ansprüchen der Hausherrin vereint. Nur das Erdgeschoß, in dem der Gästetrakt mit Bad liegt, ist etwas feucht und finster. Ich habe oft, wenn ich im Halbschlaf dort lag, die Geräuschkulisse als Eintauchen in fremde Welten und andere Zeiten empfunden. Dort habe ich gemerkt, wie sehr die Geräusche von Maschinen für mich schon zu einer normalen Welt gehörten. Laufen in nächster Nähe nur Menschen vorbei – es gibt keine Glasfenster, nur Gitter und Fensterläden –, dann kommen die nächtlichen Stimmen der Menschen ganz nah und fallen wie Tücher ins Bett.

Die Kasbah ist nur spärlich beleuchtet. Die Häuser sind, wie es in Tanger üblich ist, weiß gestrichen. Doch durch die Glühbirnen ist alles in gelbliches Licht getaucht, und der Eindruck des Traumhaften verstärkt sich nachts. Dann ist es kein heller Traum mehr.

Wenn ich nicht schlafen konnte, blickte ich – wie viele Frauen – im Schutz der Dunkelheit durch die Gitterstäbe. Sobald Männer in Turbanen und traditioneller Kleidung vorbeizogen, fügten sich vor meinen Augen vergangene Zeiten hinzu: römische Wachsoldaten auf der Mauer, Sklaven in klirrenden Ketten, Erdbeben, heimliche Besuche im Fackellicht.

Auch lachende betrunkene Männer in hellen Tropenanzügen auf dem Weg ins Bordell, von denen es hier immer noch einige versteckt hinter den großen Mauern gibt, kamen vorbei.

Der nächtliche Blick in die Altstadt ist gespenstisch. Da ist nichts Liebliches mehr. Das ist Afrika. Es stöhnt im Schlaf. Doch schon zwanzig Schritte weiter die Treppe hinauf ändert sich die

Welt. Von da aus kann man den Himmel und die Sterne sehen. Da liegt das Schlafzimmer des Ehepaares mit Bad und dem üblichen kleinen Salon. Hier fallen keine Stimmen durchs Fenster ins Bett.

Noch zwanzig Stufen höher, und man tritt in den Himmel. Eine himmlische Küche in mehrfachem Sinn, denn sie ist groß und hell, durch die Fenster ist das Blau des Himmels zu sehen, und man kann auf die Terrasse treten.

Es gibt mehrere Terrassen, die höchste ist nur von außen mit einer Metalltreppe zu erreichen. Wie eine Stufenpyramide verjüngt sich der Bau, und ganz oben kann man nur noch ein kleines Tischchen mit zwei Stühlen draufstellen.

Allerdings ist es auch möglich, sich etwas weiter unten auf die römische Mauer zu setzen, eine Fläche, so groß wie ein Tanzsaal. Tag und Nacht bietet diese Terrasse einen majestätischen Ausblick.

Mohammed züchtet Bonsai-Bäumchen, daher fühlt man sich wie Gulliver und sitzt in einem Liliputpark. Seine gärtnerischen Fähigkeiten sind erstaunlich. Kleine Weiden, Eichen, Kirschbäume und auch Kakteen. Alles sprießt und blüht. Das Panorama ist phantastisch. Man blickt auf die Sichel der Bucht, den Hafen, die Hügel, Salahs Palast; die Spitze der Moschee und sogar einen Teil von La Vielle Montagne kann man sehen. Man schaut auf die Glaskuppeln, zum Beispiel die, welche den ehemaligen Besitz Barbara Huttons krönt; nachts schimmert sie wie das Ei des berühmten Vogels Roch.

Wer die Kasbah kennt, versteht, warum das Verabreden mit dem Satz »Meet me at the Kasbah« in Amerika so bekannt ist. In den unsäglichen Schwarzweiß-Filmen wird dieser Satz (meist von einem weißen auf marokkanisch getrimmten Darsteller) von einer zwielichtigen Gestalt dem unschuldigen Opfer ins Ohr geraunt. »Meet me at the Kasbah«, bedeutet Spionage, Mädchen- und Drogenhandel. Dieses Image von Verruchtheit hängt der Kasbah immer noch an. Als ob es nur das gäbe. Wie leichtfertig man damals mit Marokko umgegangen ist, zeigt sich bei dem berühmten Film »Casablanca«. Sätze wie (dem Sinn nach) »Wir sind in Casablanca, um uns herum nur Wüste ...«, zeugen von einer eklatanten Unkenntnis der Geographie des Drehbuchautors. Casablanca liegt am Meer, auch damals schon.

Wann immer ich mich mit Karla verabredete, wenn wir nicht ohnehin gemeinsam in die Kasbah gingen, taten wir das mit den verschwörerischen Worten: »Meet me at the Kasbah.«

Wer ahnte, wie leicht, hell und beschwingt diese Verabredungen zum Mittagessen waren. Die Tür wurde mittags von Karlas »Mädchen« geöffnet. Nach dem Klopfen geschah erst einmal lan-

ge nichts. Dann kündigte das leise Schsch der glei-
tenden Pantoffeln die Ankunft Aishas an.

Karlas Aisha war eine Frau, die immer sanft
sprach. Nie unterhielt sie sich in dem seltsamen
Truthahn-Arabisch, das bei der Unterhaltung der
Frauen von Dach zu Dach üblich war. Eines Tages
sagte sie zu Karla: »Ich fühle mich nicht wohl und
werde eine Weile wegbleiben.«

Ein paar Tage später war sie tot. Nie werde ich
sie vergessen, denn obwohl wir uns nie unterhalten haben, beobachtete ich sie oft, während sie
ihrer Tätigkeit nachging. Sie hatte etwas von einer
ehemaligen Ballerina: so schmal und knöchern,
doch mit weichen, fließenden Bewegungen.

Wegen der vielen kleinen Bäume und der anderen sorgfältig gehegten Pflänzchen auf jedem Sims
oder Fensterbrett gab es besonders viele Vögel um
das Haus von Karla und Mohammed herum. In
meinem Gedächtnis verbindet sich das Bild der
stillen, anmutigen Aisha mit dem munteren
Gezwitscher der Vögel. Sie war so sanft und ver-
richtete ihre Arbeit wie eine stille Andacht. Sie
paßte so gut in diese Himmelskulisse.

Die Mittagessen fanden selbst im Winter fast
immer auf der Terrasse vor der Küche statt. Das
Essen, meist gedünstetes und gut gewürztes
Gemüse, gelegentlich Fisch, dazu immer das herrliche Brot aus weichem braunen Mehl. All dies
duftete so gut, daß es schon beim Zubereiten sät-

tigte. Zu dem Essen tranken Karla und ich gerne etwas Wein. Mohammed bevorzugte nach dem Essen ein Pfeifchen ...

Der Ausblick über die Dächer der Häuser mit der tanzenden Wäsche, die stetige Bewegung der Schiffe, Tanker und Fähren im blauen Meer, die kleinen Vögel, die schon während der Mahlzeit vertrauensvoll die Brotkrumen vom Tisch pickten – all dies war beruhigend und paradiesisch.

Das gehört zu den schönen Seiten des Lebens. Hier läuft die Zeit anders. Sie fließt dahin, und man schwimmt sanft mit.

Die Geräusche von den Straßen sind tagsüber nicht bedrohlich. Kinderstimmen klingen nicht quengelig, sie werden ja auch nicht von in Prada gekleideten Müttern durch Shopping Center geschleift. Frei wie kleine Hunderudel streifen sie durch die Gassen, in denen keine Autos fahren. Sie sind jedoch nie unbewacht.

Es gibt hier keine Anonymität. Wenn Karla nach dem Essen Lust auf eine Zigarette hatte, rief sie ein paar arabische Worte, und wenige Augenblicke später flog ein Päckchen Marlboro durch die Luft, direkt auf ihren Schoß.

»Isn't this great?« fragte sie grinsend. Großartig. In der Tat.

Sie und ich hatten schon an ähnlichen Orten gewohnt. Hawaii, San Francisco; Karla war besorgt, daß sich Tanger so veränderte, daß sie dieses Leben nicht mehr würde führen können. Wir unterhielten uns oft darüber, wo sie hingehen könnte, wenn es aus irgendwelchen Gründen nicht mehr möglich wäre, dort zu bleiben.

Wir empfanden beide, obwohl wir sehr unterschiedliche Menschen sind, gerade Tanger als ultimativ luxuriös, was unseren Maßstab von Luxus betrifft. Afrikanische Luft, orientalische Sinnlichkeit, und in zwei Stunden ist man in Spanien.

Der Flughafen von Malaga bietet Flüge in die ganze Welt. Muß man jedoch nur zum Zahnarzt, kann man getrost hier einen der jungen Ärzte aufsuchen. Es gibt genügend Männer und Frauen, die in Paris oder den USA studiert haben und modern ausgerüstet sind. Gerade die Mischung von Tradition und Moderne ist hier gelungen. Während des Fastenmonats tragen alle modernen Frauen die Dschellaba und ein schön drapiertes Tuch.

Karla fürchtet sich trotz allem ein wenig vor der Modernisierung Marokkos, die allerdings unaufhaltsam ist. Sie fürchtet sich vor dem Verlust an traditionellem Kunsthandwerk. Es ist hier nichts schäbig wie viele der Produkte aus China. Wer hier jemanden beim Klopfen von Steinen, beim Ziselieren von Metall oder beim Schnitzen von Holz beobachtet hat, versteht, daß man an diesen Tätigkeiten hängt. Bei Mohammed, dem ich oft beim Malen von Arabesken zugesehen habe, wird der religiöse Aspekt, die Hingabe sichtbar, ohne die kein Kunsthandwerk entstehen kann.

Ob es sich um Bilder oder Stoffe handelt, aus allem schillert etwas vom Islam hervor. Man verläßt sich bei jedem schöpferischen Prozeß auf die Kraft des Glaubens. Wenn diese Kraft fließt, werden Bilder gemalt und Stoffe gewebt, aber auch Bonsai-Bäumchen gepflegt – und überhaupt: das Leben gelebt. Es ist unmöglich, diese Einstellung nicht zu übernehmen. Sie macht das Leben um so vieles leichter. Das Konzept des Göttlichen durchtränkt alles. Die Lust und das dem Leben Zugewandte sind ein wichtiger Bestandteil. Gott übernimmt auch die Verantwortung, Inshallah und Hamdullah.

Das Mißlingen wird nicht als Strafe gesehen; es paßt eben gerade nicht in den Fluß des Lebens. Es ist ein Mißverständnis zu denken, daß die Welt des Inshallah und Hamdullah ohne Struktur sei. Das Gegenteil ist der Fall. Es ist das Parallele von Gelassenheit und Fleiß, das den Westen irritiert. Hier ist die Arbeit davon gekennzeichnet. Hier arbeitet man immer, wird kaum von Feiertagen unterbrochen und kennt auch keinen bezahlten Urlaub. Trotzdem kann man das Leben genießen. Wahrscheinlich hat all dies seine Wurzeln im Klima.

Die sozialen Netze sind nicht staatlich, sondern familiär oder freundschaftlich. Wen das Bezie-

hungsgeflecht des Maghrebinischen nicht ab-
schreckt, das typische Geben und Nehmen, das
Bestechungssystem, wenn man nicht anfällig ist für
die angebotenen Laster, so ist das Leben hier auf
der Hügelspitze wirklich paradiesisch. Vor allem
in der Altstadt fehlt jener Mißklang von mensch-
licher Kälte und Einsamkeit, der wie ein grauer
Schleier in vielen Städten des Westens hängt.

Es leben relativ viele Amerikanerinnen in Tanger. Die meisten sind wegen einem Mann hier.
Einige sind glücklich verheiratet und leben in einer
der schönen alten Villen auf den Hügeln. Sie
haben viel Personal und fliegen nach London, um
ins Kino zu gehen.

Selbst die weniger Glücklichen, deren Kinder
nach der Scheidung nach islamischem Recht beim
Vater bleiben, leben zwar in weniger Luxus, doch
meist von einer Apanage, die *easy living* ermöglicht. Sie bleiben nicht nur wegen der Kinder, auch
sie hat das *Virus de Tanger* infiziert und an die
Stadt gebunden.

Verblüffenderweise scheinen alle Kinder aus
diesen Ehen besonders gelungen zu sein. Ausge-
glichen, reizend, anmutig und freundlich. Sie
wachsen in dieser Gesellschaft ja auch behütet
auf. Man kennt sich. Außerdem ist eine Weltstadt,
die man zu Fuß durchqueren kann, immer wie ein
Abenteuerspielplatz. Die Gefahren sind bekannt.
Die Rituale der gemeinsamen Mittagessen, die

Ausflüge ans Meer, die Toleranz exzentrischen Personen gegenüber, das Kosmopolitische und doch Kleinstädtische ist ein guter Nährboden für heranwachsende Menschen.

Karla ist die einzige der Amerikanerinnen, die hierherkam, um vor einem Mann zu fliehen. Sie arbeitete erfolgreich als Friseuse in ihrem eigenen Salon in San Francisco. Das Mekka der Hippies und Schwulen bietet viele Lebensweisen an, und so wundert es nicht, daß sich ihr Kollege, eigentlich schwul, Hals über Kopf so in sie verliebte, daß sich eine leidenschaftliche Beziehung entwickelte. Sie mündete in eine Ehe, der ein Sohn entstammt. Karlas Mann war so verliebt in die starke humorvolle Blondine mit dem schönen großen Busen, daß sie beide dachten, sie würden sich genügen. Nach mehreren turbulenten Jahren der ein- und ausgepackten Koffer und der gebrochenen Versprechen, folgte schließlich die Einsicht, daß Begehren oft stärker ist als Liebe.

Sie verließ ihn, packte ihren Sohn ein und flog nach Tanger zu ihrem Lieblingsbruder. Dieser, ein erfolgreicher Innenarchitekt und Kunsthändler, hatte sich, wie viele Homosexuelle, in einem Palais der Kasbah ein barockes Nest gebaut. Überglücklich bot er seiner geliebten Schwester diesen Zufluchtsort an.

Doch nicht nur das. Er hatte einen Plan für sie ausgeheckt, einen Plan für ihr Glück in Tanger.

Mohammed stand bei ihrer Ankunft schon am Flughafen; er wartete mit angehaltenem Atem, all die herrlichen Bilder, die der Bruder ihm vorab gezeigt hatte, purzelten in seinem Kopf herum. Der Bruder mußte gewußt haben, daß sie sehr gut zusammenpassen würden. Es dauerte daher auch nicht lange, und Karla und Mohammed feierten eine prachtvolle Hochzeit. Auch Majid und Mia, die dänische Kunstschmiedin, heirateten, und so gab es eine Doppelhochzeit im marokkanischen Stil.

Bis dies geschah, spielten sich in der Kasbah noch Dramen von shakespeareschem Format ab. Wie Othello tobte der verlassene Ehemann, der ihr nachgereist war, um sie noch einmal zurückzugewinnen. Es muß schauerlich gewesen sein. Der angetrunkene und bekiffte Ehemann und Vater von Karlas Sohn, weinend und auf den Knien kauernd im gespenstischen Licht der nächtlichen Kasbah ...

»Karla, please, don't leave me! My love, my rock, I can't live without you. I need you.«

Ich kann nicht ohne dich leben und so weiter und so fort. Tausend Augen beobachteten ihn. Oft war es Mohammed selbst, der den hoffnungslosen Rivalen voller Mitleid in einem der zwielichtigen Hotels der Altstadt zu Bett brachte, nur um am nächsten Tag eine Wiederholung des bühnenreifen Spektakels zu erleben.

Karlas Bruder war schon lange tot, als ich sie kennenlernte. Bilder von ihm sind Zeugen einer glücklichen Vergangenheit. Als er an Aids erkrankte, flog er zum Sterben nach San Francisco. Dort wog der ein Meter neunzig große Mann zum Schluß nur noch fünfundvierzig Kilo. Er starb in Karlas Armen. Auf den Bildern, die im Salon verteilt stehen, sieht man nichts von der Krankheit, nicht einmal eine Ankündigung davon. Wann immer ich jemanden aus seinem Freundeskreis in Tanger kennenlernte und ihn nach ihm befragte, überzog ein Lächeln das Gesicht der Person.

Viele der Gegenstände, die er auf seinen Afrikareisen gesammelt hatte, stehen jetzt im Haus von Mohammed und Karla. Kalebassen und exquisite Figuren. Ein wenig spürt man noch die Atmosphäre, in der sie entstanden sind. Sein Gespür für das Authentische berührt einen, wenn man die Objekte betrachtet, und sein Lächeln schwebt mysteriös über den Gegenständen.

Er sorgte auch für das Gelingen der Hochzeit, denn bei einer typisch marokkanischen Hochzeit wird die Braut – meist mit vor Angst geweiteten Augen – auf einer Art riesigem Kuchentablett durch die Stadt getragen. Damit waren Karla und Mia nicht einverstanden. Sie nahmen an der Hochzeit teil. Diese ist normalerweise bunt und laut, begleitet von erotisierender Musik. Die herrlich geschminkten Bräute aus Übersee sahen aus wie aus dem Märchen.

»Schön wie der Mond« oder »den Vollmond beschämend«. Tatsächlich sahen die Gesichter, umrahmt von glänzendem Schmuck und Tüchern, aus wie der Mond. Strahlend rund und schön.

Die nächste marokkanische Hochzeit war die von Karlas Sohn Chad. Sein leiblicher Vater und auch der Großvater kamen zum Fest. Chad spricht vier Sprachen. Seine schöne junge Frau, eine jüdische Marokkanerin aus Casablanca, studierte, wie auch Chad, in Amerika. Doch die Hochzeit wurde in Tanger gefeiert.

Auf dem Rückflug fing Chads Großvater, Karlas Vater, an (er ist manisch-depressiv), sich auszuziehen. Der Vater, HIV-positiv (ohne Symptome), betrank sich fürchterlich, was Chad später zu der Bemerkung veranlaßte: »Und die Amerikaner schimpfen immer über die Araber.«

Mutet Karlas Leben auch oft märchenhaft an, es gibt natürlich auch die Schattenseiten. Das Leben in Tanger hat seine Kanten. Die Korruption ist weit verbreitet, und die Behörden handeln willkürlich. Doch man findet Wege, Widerstände und Unsinnigkeiten zu umschiffen.

Mit dem Ausbleiben des Tourismus und anderer Geschäfte wird der Drogenhandel immer mehr zur einzigen Einnahmequelle. Drogenhändler trachten nach dem schnellen Geld, und dieses rasch verdiente Geld wird in hastig gebauten Häusern weißgewaschen. Die Restaurants sind gut besucht, und elektronische Waren finden reißenden Absatz. Optiker, Steuerberater, Zahnärzte haben zu tun, nur die Waren aus dem eigenen Land, die traditionellen Handarbeiten, finden in dieser Welt keinen Absatz mehr. Der Drogenhändler trägt einen Nadelstreifenanzg und keinen handgewebten Burnus.

Karla und ich produzierten spezielle Kissen, und von deren Ertrag renovierten sie das Haus.

Die Organisation, um die vielen schönen Produkte weltweit zu vermarkten, scheitert an den Grenzen. Der Zoll wird schon so lange vom Drogenhandel korrumpiert, daß selbst das Importieren und Exportieren »normaler« Waren kompliziert wird. Überall wird Schmuggel vermutet.

Es werden auch immer wieder feine Leute erwischt, wie sie gelegentlich zwischen Damen- oder Herrenjacketts einige Kilo Haschisch verpacken. Paranoia ist an der Tagesordnung. Deshalb schirmen sich die anständigen Leute so hermetisch ab. Niemand aus der Gesellschaft, den ich kenne, die ihre Villen in den Hügeln hat, raucht Haschisch. Sie verkehren beruflich mit stadtbekannten Drogenhändlern, doch nie werden die Händler, egal wie reich sie sind, in diese Häuser eingeladen werden. Die Wände sind durchsichtig, aber dick wie Panzerglas.

Mir als Zaungast war es noch erlaubt, mit den verschiedenen Kreisen zu verkehren. Hätte mich das Schicksal zu einem richtigen Bestandteil der Kommune gemacht, dann hätte ich mich entscheiden müssen zwischen den Freunden aus der Kasbah und den Freunden auf den Hügeln. Doch niemand zwang mich zu einer Entscheidung, und dieser schwebende Zustand verschaffte mir den Freiraum, Geselligkeit zu genießen, aber auch Geschäftsideen zu entwickeln.

Das Wichtigste, die menschliche Wärme, ist in der Kasbah zu finden. Viele Facetten der Menschlichkeit werden vorgeführt, das Theater des Lebens. Gerade in der Kasbah, mit der schönen Kulisse. Im Winter regnet es viel, und da die Häuser aus Lehm sind, müssen sie sorgfältig gewartet werden. Aber manchmal regnet es auch nicht, dann kann es passieren, daß die Wartung aus Kummer über den ausbleibenden Regen vergessen wird.

Die klimatisch bedingte Fähigkeit des Nordeuropäers, in die Zukunft zu denken, hat sicherlich die Kasbah erhalten. Die gepflegtesten Häuser gehören Europäern; sie haben die Paläste renoviert und erhalten, allerdings mit Hilfe der einheimischen Handwerker, die geduldig und selbstvergessen die Kunstfertigkeit ihrer Ahnen lebendig erhalten.

Karlas Nachbarin bot im Winter einen wahr-

haftig tragikomischen Anblick. Sie war die Königin der Truthahnstimmen. Meist schimpfte sie
über ihren Mann oder mit ihm. Eines Tages,
während Karla und ich drinnen Mittag aßen, reg-
nete es sehr stark. Da hörten wir ein Geräusch,
ein lautes Knirschen, ein wenig wie Zahnstein, der
entfernt wird. Ganz langsam sank vor unseren
Augen die Ecke des Hauses der Nachbarin weg,
samt Terrasse und daraufliegendem Zubehör.
Lautes Truthahngegacker folgte. Die Familie, die
gerade zu Mittag aß, flüchtete aus der Tür und
stand vor dem Haus, dem nun ein großer Teil der
Terrasse und die Eckwand eines Zimmers fehlte.
Beides lag in Brocken am Fuß des unteren Stockwerks. Schnell waren Nachbarn hinzugekommen,
und alle standen da und klagten mit. Sie wurden
alle völlig naß und sahen daher nackt aus. Karla
und ich versteckten uns hinter den Fenstern und
hielten die Hand vor den Mund. Gottlob gab es
auch Kinder, die lachten. Es wäre schlimm gewesen, wenn nur wir als Ausländerinnen gelacht hätten. Im übrigen war mein Eindruck, daß die lau-
ten Klagen auch ausgestoßen wurden, um nicht
loszulachen.

Alles in allem war man jedoch dankbar, daß
niemand verletzt worden war und nichts Schlim-
meres passiert war. Hamdullah.

Eine Kuriosität der Kasbah sind die Preise. Ein
Haus mag für achtzigtausend Mark zu verkaufen

sein, und das andere (mehr oder weniger gleiche) für vierhunderttausend Mark. Oder das Haus, das morgens für achtzigtausend Mark angeboten wird, kostet am Abend zweihunderttausend. Es gibt in der Kasbah einen Palast von unvorstellbarer Schönheit, mit einem riesigen Lichthof und großen alten Palmen. Wenn man ihn mieten will, kostet das mal vierhundert Mark monatlich und mal viertausend Mark. Das ist nicht jahreszeitlich bedingt. Einem deutschen Paar passierte es, daß der Besitzer des Hauses, das sie mieteten, plötzlich starb. Da er keine Erben hinterließ, gehörte das Haus plötzlich ihnen. Als sie Tanger verlassen wollten und es zum Verkauf anboten, tauchte ein Erbe auf. Sie durchliefen die Ämter und konsultierten Anwälte. Sorry, sie bekamen gar nichts.

Häuser werden häufig frei, weil der Besitzer stirbt. Achtzig Jahre scheint ungefähr das Durchschnittsalter zu sein. Der marokkanische »Sekretär«, meist ein gutaussehender junger Bursche, erbt das Haus. Er wiederum lebt in diesem Haus fast immer mit seiner Frau und den Kindern. Und so installiert sich zu guter Letzt wieder eine marokkanische Familie darin.

Ich hatte ein Haus in der Altstadt gefunden, das ich kaufen wollte. Zwei sich an den Händen haltende Frauen boten es an. Ein Freund von mir, ein Musiker, hatte es vermittelt. Die beiden waren

Witwen. Nachdem ihr Mann gestorben war, wollten sie in ein modernes Appartement in einem neuen Viertel ziehen. Jede Änderung im Leben der Altstadtbewohner verbreitet sich schnell, und alle beteiligen sich an dem Geschehen. Daher ist die Altstadt immer belebt und aufgeregt. Außer während des Mittagessens. Diese mediterrane Angewohnheit teilt den Tag in zwei Hälften. Nach dem Mittagessen kommt ein zweiter Morgen. Ein satter, wollüstiger Morgen. Der Weg, den Karla und ich nach dem Essen zur »Bootiik« gingen, war für mich immer aufregend. Er führt durch eine sich windende Gasse, durch Häuser und über Plätze, gelegentlich erinnert der Weg an Venedig.

Die Eingangstüren sind legendär, aus breiten Planken gefertigt, mit Messingrahmen und Nägeln, und besonders die Klopfer sind berühmt. Sie sind das einzige Indiz für den Status der Bewohner. Denn es ist wichtig, nicht den Neid der Außenwelt zu erregen. Wie die schönen Frauen soll das Innere geschützt werden vor den Blicken und den Gefühlen, die der Besitz auslösen könnte. Immer sind die Wände glatt und abweisend. In Venedig gibt es vergleichbare Eingänge. Eine schlichte Pracht. Leises Geld.

Mit ihrem Blondschopf, dem üppigen Körper und den schlanken Beinen, die in unglaublich schönen Füßen münden, lief Karla vor mir her. Der Geruch von Gebäck zog vorbei, Karla grüßte nach links und rechts. Menschen zogen ein und aus, eilig betraten wir Häuser, die ich eventuell mieten oder kaufen könnte. Ein Mädchen, das vor ein paar Monaten noch ein Kind war, stand nun als hochgeschossene Schönheit vor uns und lachte auf die Frage, ob sie nun auch bald heirate. Vor einem geöffneten Eingang drehte Karla sich zu mir und raunte mir ins Ohr: »Oh, you must come in here, I'll show you a great guy.«

Sie zog mich durch einen engen Türrahmen ins Innere. Der Raum war unerwartet groß, wie oft täuschte der äußere Eindruck. Die Räume waren wie ein Minicooper, außen klein, innen geräumig.

Eine nackte Glühbirne erhellte den kahlen großen Raum. An den Wänden standen die typischen Bänke, auf denen man sitzen und schlafen, aber auch arbeiten kann. Zwei Männer saßen im Inneren, trotz des schwachen Lichts war der *great guy* leicht zu erkennen. Ein schöner alter Mann, sein Käppchen deutete an, daß er ein Hadsch war, ein Mann, der schon nach Mekka gepilgert war. Obwohl er an die Siebzig sein mußte, war sein Gesicht relativ glatt; die Wölbung der Knochen brachte Stirn und Wangen zum Schimmern. Seine Augen waren groß und klar, und er trug einen gepflegten Bart. Dieses Gesicht war erotisch, das biblisch-väterliche Aussehen barg Erotik, weil es Geborgenheit versprach. Erotik, nicht Sexualität.

Man mochte sich an ihn kuscheln und ihm bei der Arbeit zusehen. Er stickte. Der andere war sein Geselle. Die Stickerei erforderte vier Hände. Der Geselle hielt die Fäden, während der Meister sie zu Bordüren kombinierte, die später ein kostbares Gewand zieren. Betrachtet man diese Stickerei genau, so ist es, als würde man sich auf eine Reise begeben: Flüsse aus Gold und Silber, in die kleine Inseln aus farbigen Steinen eingefügt sind. Der ganze Orient verdichtete sich hier in einem nur wenige Zentimeter breiten Band. Der Meister vertraute bei seiner Entstehung auf die göttliche Inspiration: Es ist ein Sich-fallen-Lassen, etwas, dessen Plan nicht berechnet werden muß. Es ist, als würde Gott eine Spur hinterlassen. Man sah dem Mann an, daß er ein Schöpfer war, der sich in den Dienst seiner besonderen Fähigkeiten gestellt hatte. Es war ein eigenartiges Gefühl, sich in einem Raum von nüchterner Kahlheit zu befinden, in dem mit Nadel und Faden eine Zauberwelt entstand.

Wieder auf der Straße, war ich noch ganz benommen. Wir liefen eine Weile stumm hinter einer Frau her, deren Hintern einem Nilpferd glich. Jeder Schritt verursachte ein Beben und Nachbeben. Ein amerikanischer Ausdruck kam mir in den Sinn: »What a lard ass« (ein Schmalzarsch). Karla drehte sich zu mir um und unterbrach die Stille: »What a lard ass«, sagte sie. Wie könnte ich sie nicht lieben; wir lachten und kicherten, wie man es mit vierzehn tut.

Mich leicht und weiblich zu fühlen, gelang mir in Tanger sehr schnell. Jetzt vermisse ich dieses Gefühl, wie auch die Erotik im Alltag, wie ich sie zum Beispiel beim Einkaufen von Stoffen erlebte. Die Stoffläden in der Medina sind so klein und hoch, daß man sich in einem Traum wähnt. Ein kleiner Raum, der mehr als doppelt so hoch ist als der Mann, der in ihm steht. Die Stoffe werden »coupure« genannt und haben ein für den Kaftan genormtes Maß von etwa vier Meter Länge. Die feinen, seidigen Stoffe sind bis an die hohe Decke gestapelt, und man hat den Eindruck, daß sie jederzeit sanft und geräuschlos heruntergleiten und den Mann unter sich begraben könnten. Aber irgendwie halten sie. Der Raum ist so klein, daß man nur wie eine Galionsfigur mit Gesicht und Busen hineinragt und aus den kleinen Stoffkanten erahnen muß, wie die ganze Bahn aussieht. Das ist schier unmöglich.

Merkwürdigerweise wurde ich hier von den einheimischen Frauen feindselig behandelt. Es war der einzige Ort, wo ich immer das Gefühl hatte, unerwünscht zu sein. Denn obwohl sie stundenlang einen Stoff nach dem anderen ausbreiten ließen, waren sie bereits nach dem zweiten Stoff, den ich zaghaft rausholen ließ, völlig genervt. Was unweigerlich geschah, es war auch komisch, denn die meisten Verkäufer unterstützten sie in ihrer Abneigung. Während ich noch überlegte, drängten sie sich von rechts und links langsam, aber beständig zur Theke, so daß ich, ehe ich es bemerkte, schon aus dem Geschäft rausgedrängt worden war.

Es gab aber einen kleinen Laden, dessen Besitzer mir wohlwollend entgegenkam. Die Art, mit der dieser Mann mich behandelte, war für mich ein Höhepunkt der keuschen Erotik. In der Medina leben viele gläubige Menschen, und für so einen Mann ist es undenkbar, mit einer Frau zu flirten oder sie offen zu taxieren. Im Gegensatz zu den Touristinnen ziehen sich die ortsansässigen Europäerinnen im muselmanischen Sinn züchtig an. Weder kurze Röcke noch tiefe Ausschnitte, kein auffälliges Make-up. Die modischen Herrenanzüge sind durchaus geeignet, die Regeln des Anstandes zu wahren. Statt Kopftuch trug ich einen Hut, dessen Krempe wie ein Schleier wirkte.

Wenn ich bei diesem Händler Stoffe aussuchte, unterhielten wir uns ohne Blickkontakt, da dies ja auch aufreizend sein konnte. Er hatte Geduld und ließ mir Zeit, einen Stoff zu finden. Die Schönheit der Farben, die Weichheit der Stoffe, das warme Licht der Glühbirne, dazu das besorgte Einhalten der Anstandsregeln sorgten dafür, daß ein einziger Blick oder eine zufällige Berührung der Hände einen Stromstoß durch den Kör-

per schickten. Es ist nun mal so, daß nur Zurückhaltung die Basis von Intensität ist.

Zurückhaltung wird hier überall praktiziert.
Das moralische Klima aus der Zeit des 19. Jahr-
hunderts ist allgegenwärtig. Auch Karla und ihr
Mann sind sich treu. Zumindest werden Affären
in marokkanischen Ehen, falls sie stattfinden soll-
ten, sehr diskret behandelt. Gerade in der Altstadt
ist das Nebeneinander von Moral und Unsittlich-
keit faszinierend.

Die streng gewahrte Sittlichkeit reicht bis in die
kriminellen Bereiche hinein. So fand ich mich in
eine Schwarzgeldaffäre verwickelt, die schnell und
relativ schmerzlos wie ein Traum stattfand. Ich
hütete Karlas Laden, und eine ihrer Bekannten
merkte, daß mich etwas quälte. Wie alle Ausländer mit hiesigem Wohnsitz hatte ich zwei Bank-
konten. Eines mit Dirham, die man wieder in
Devisen wechseln konnte, und eines, das in Dirham bleiben mußte. Nun wurde mir aus den
Erträgen der gemeinsamen Kissenproduktion ein
großer Betrag auf das falsche Konto überwiesen,
und ich wollte mit dem Geld eine Reise machen.

»Das ist doch kein Problem«, sagte diese
Bekannte. Sie setzte sich auf Karlas Stuhl und rief
frei auf den Platz des Petit Sokko: »Eh, Abdullah!«

Eine finster aussehende Figur tauchte auf, sie
besprachen sich auf arabisch, dann drehte sie sich

zu mir um und fragte: »Willst du Dollar oder Mark?«

»Ist mir egal«, piepste ich.

»Gib ihm das Geld«, sagte sie bestimmt.

Es waren etwa zehntausend Mark in Dirham, alles in kleinen Scheinen, ein ganzer Rucksack voll. Meine Finger krallten sich noch bis zum letzten Moment in den weichen Rucksack. Sicher hinterließen meine Nägel Abdrücke. Karla kam zurück, und wir berichteten ihr den Vorfall. Sie war auch mein Fels, daher beruhigte mich ihr Argument von der Sicherheit des Transfers: »Mach dir keine Sorgen, er kommt zurück, sonst findet er sich mit aufgeschnittener Kehle in einer der *dead end streets* wieder.«

Wie tröstlich, dachte ich, doch schon nach einer Stunde tauchte der Kurier mit nagelneuen Scheinen wieder auf, und zwar zu einem sehr guten Wechselkurs. Das sah so sehr nach Falschgeld aus, daß ich Karla fragte: »Wird das hier gedruckt?«

Sie antwortete: »Leider nicht.«

Die Oasen der Anständigkeit sind erdbebensicher. Wer sich nicht korrekt verhält, findet sich schnell im Abgrund.

Die Freundschaft und das faire Verhalten sind die Netze der Altstadt. Ich hatte durch Mohammed und Karla einen Musiker kennengelernt, der für eine kleine Gruppe von Frauen, für die wir nicht weit vom Petit Sokko Afrotanz-Klassen organisierten, mit seinen Trommeln die Musik dazu lieferte. Sein Haus lag dicht an der Altstadtmauer. Wie üblich verbarg die kleine unscheinbare Tür das zu erwartende Interieur. Dieser Abdullah (es gibt viele dieses Namens) war ein Gentleman. Wenn er mich begrüßte, fühlte ich mich wie eine Prinzessin. Die Begrüßungsgeste beinhaltete einen Griff ans Herz, eine Ehrerbietung, die der üblichen Küsserei folgte. Er war der bekannteste Musiker der Stadt; an seinen Wänden hingen Bilder von ihm und den Rolling Stones und auch anderen Musikern aus New York. Gelegentlich flog er hin und trat mit Randy Newman auf.

Abdullah kam mit seiner Band, seiner Truppe, den Ganauis, das sind Nachfahren schwarzer Sklaven. Sie begleiten in Tanger jedes Fest. Es wird getrommelt und eine Art Metallkastagnetten, Zimbeln und Flöten gehören zur Grundausstattung; der Rhythmus ist sehr ansteckend.

Wenn man mit Abdullah Tee trank und sich in einer Mischung von Französisch, Arabisch und Englisch unterhielt, kam man nicht auf den Gedanken, daß dieser Patriarch so fiebrige Klänge erzeugen kann. Er war mit einer kleinen, sehr hellhäutigen Frau aus Casablanca verheiratet, durch deren Gegenwart ich mich erfrischt fühlte wie von einem Gebirgsbach. Das Haus ist drei Stockwerke hoch, und der lieblichste Anblick war es, von unten die Kinder am Geländer stehen zu sehen. Sie waren im Alter von vier bis zehn Jahren, und sobald sie Besuch hörten, stellten sie sich am Geländer auf, und man sah von unten die Füße über den Rand ragen. Das Oberlicht zauberte kleine Heiligenscheine um die Zehen.

Meist holte mich der ältere Sohn ab, wenn ich zu seinem Vater vom Petit Sokko ging. Es ist ein verwinkelter Weg, und gerade dort ist Tanger besonders finster. Einmal entdeckte ich auf dem Weg ein gepflegt aussehendes Hotel, in dessen kleinem Innenhof ein freundlicher Springbrunnen sprudelte, umrahmt von schönen Pflanzen. Ich ging hinein, um mich nach den Preisen zu erkundigen, da mich öfter Leute in Tanger besuchten. Der Blick des Pförtners war so mißtrauisch und abweisend, daß ich gar nicht weiter fragte. Als ich Karla das Hotel beschrieb, erzählte sie, daß es sich um eine Herberge handelte, die nur von Schwarzafrikanern frequentiert wurde, von Menschen auf der Durchreise, die sich nur so lange dort aufhielten, bis sich ein Schlepper fand. Dieser bringt sie dann nachts auf einfachen Booten ins gelobte Land, nach Spanien – ins vermeintliche Glück. Tief im Innern von Schwarzafrika träumt man von Tanger.

Tanger ist eine fixe Idee. Die Menschen schlagen sich bis hierher durch, besteigen ein kleines Boot und verlassen ein Zeitalter. Tanger ist das

Nadelöhr. Dieses Glück, dessen Existenzbeweis sie doch tagtäglich im Fernsehen zu Hause gesehen haben, wird hier zum Greifen nah.

Diese schwarzen Männer waren mir aufgefallen, weil sie sich so untypisch verhielten. Sie waren auffällig gut gepflegt, ihre Hemden sauber und gebügelt, und doch bewegten sie sich, als wollten sie lieber unsichtbar bleiben. Sie streiften in kleinen Gruppen durch die Medina, leise wie Geister. Man sah sie nie lächeln. Ich glaube, sie witterten bereits ihr Unglück, doch mußten sie jede Vorahnung ignorieren, es gab kein Zurück.

Die Reise ist die große Hoffnung aller. Jeder zu Hause erwartet, daß sie zumindest die Illusion nicht zerstören, daß der Sohn oder Bruder binnen kurzer Zeit mit einem Handy am Ohr und Claudia Schiffer an seiner Seite im Cabrio die Champs-Élyssées rauf und runter fährt.

Was tatsächlich passiert, sieht man fast täglich im spanischen Fernsehen. Aus dem Hubschrauber gefilmte Sequenzen zeigen kleine Weltuntergänge in der aufgewühlten See der Straße von Gibraltar. Tage später werden die Leichen an den Strand gespült.

Tanger muß, mit seinen im Vergleich zu Schwarzafrika höchst luxuriösen Häuserzeilen, ihre Träume wohl auch noch bestätigen.

Nachts glitzert der Boulevard wie ein Schmuckband über dem Meer. Zum Greifen nahe lockt

Spanien. Selbst nach fünf Jahren nahm mich dieser so festliche Anblick gefangen. Nie könnte man sich vorstellen, daß man in so einem Meer ertrinken kann. Immer schwimmen Schiffe hin und her. Nichts deutet auf die Gefahren hin, die auf sie warten, selbst wenn sie gute Schwimmer wären. Doch die Schwarzafrikaner sind keine Schwimmer, sie können nur ertrinken.

Rosenkrieg im Schatten des Königspalastes

Ein ganzes Jahr lang wurde mir von allen Seiten gesagt: »Du mußt Wiebke kennenlernen. Ihr seid füreinander geschaffen.« Und dann stand sie nun im schönen Nachmittagslicht hinter der Gittertür im Haupthaus eines der schönsten Anwesen der »Vielle Montagne«. Daß ich ihr hier unverhofft, eingesperrt in diesem Paradies, begegnen würde, überraschte mich nicht. Wir waren schließlich in Tanger.

Das Anwesen umfaßte mehrere Hektar und reichte von dem märchenhaften Schirmpinienwald bis an eine Meeresbucht, zu der ein steiler Fußweg führte. Der Wald umrahmte früher ganz Tanger. Jetzt ist nur noch die Vielle Montagne bis zur Landspitze des Cap Spartel geschützt. Auf der Landspitze des Cap steht ein Leuchtturm, dessen Licht nachts die Gewässer des Mittelmeers und des Atlantiks durchstreift.

Auf das Grundstück hatte mich der Sohn des Besitzers gebracht. Das Anwesen hatte sein verstorbener Vater 1937 gekauft, bebaut und bepflanzt. Ein Amerikaner, der nach Nordafrika ausgewandert war. Ich hatte den jungen Mann bei einem Mittagessen kennengelernt. Er tat mir die Ehre und zeigte mir Haus und Grundstück. Sie waren von legendärer Schönheit und er brachte mich so unverhofft zu Wiebke, die mir als Seelenverwandte angekündigt worden war und – was ich nicht wußte – seine Todfeindin war.

Auf dem Grundstück standen vier Gebäude. Wiebkes zweistöckiges Haupthaus in maurischem Art-déco-Stil war leidlich renoviert, was seltsam harmonierte. Das Gästehaus, in dem der Sohn lebte, war deutlich mehr verwahrlost. Daneben stand ein Gewächshaus aus dem 19. Jahrhundert, und neben einem Schlagbaum, der seit Jahren offenstand, befand sich das kleine, saubere Haus des Gärtners. Es führte auch eine Straße auf das Grundstück. Sie war allerdings nur befahrbar, wenn man ein »Indiana-Jones-Typ« war, denn sie hatte eine geplatzte Asphaltdecke, ausgebreitet wie die Schenkel einer Hure. Die tiefen dunklen Spalten waren gefährlich, und die meisten Fahrer ließen das Auto außerhalb des Grundstücks stehen und nahmen den Fußweg. Der Park war phantastisch gepflegt, mit einem grünen Rasen und einem traumhaften Rosengarten. Auf einer

Seite reichten die Kletterrosen bis an das Dach. Schmale, mit Terracotta gefliese Wege führten zu den Türen des Haupthauses. Hier war die Zeit stehengeblieben. Der Blick und die Vegetation waren mir von zwei Dulac-Bildern vertraut. Hier muß er seine »Prinzessin aus Derybar« auf dem weißen Pferd und das nächtliche Schlußbild von »La Belle et la Bête« gemalt haben.

Der Schirmpinienwald ist berauschend schön. Die Bäume sind wie lebende Kathedralen, die duftenden Nadeln bilden einen weichen Teppich, und so kann man genüßlich auf dem Boden liegen und zusehen, wie die Baumwipfel sanft winken. In dem Wald stehen die großen Paläste, der des Königs ist nicht weit enfernt, aber auch einige saudiarabische Prinzen besitzen hier Grundstücke mit Palästen. Dazu gehören die Wachposten. Ausgestattet mit edlen Uniformen und einem kecken Turban sind sie am Eingang und rund um die Grundstücke verteilt, um ihrer ehrenhaften, aber nicht allzu anstrengenden Tätigkeit nachzugehen. Die Nähe zu den Palästen garantiert Sicherheit. Es reicht ein Aufschrei, wie einmal anläßlich eines Barbecues bei Wiebke geschehen, und schon läuft eine kleine Armee mit gezückten Waffen kreuz und quer über das Grundstück. Ein bißchen wie bei den »Keystone Cops«. Man kann immer froh sein, wenn sie sich nicht gegenseitig erschießen.

Lachend stand die große Wiebke vor dem Haus und sprach arabisch mit dem Gärtner. Der starke norddeutsche Singsang war deutlich herauszuhören. Sie beschwerte sich in fließendem Waterkant-Arabisch. Eines der »Mädchen« hatte sie aus Versehen eingesperrt. Doch sie lachte und der Gärtner schließlich auch, ich sowieso, nur der Sohn nicht.

Sie lachte viel, auch noch bei jenen Anlässen, bei denen andere das nicht mehr konnten. Ihre kräftigen Zähne, der großzügige Mund, die verletzlichen hellen Augen und das hüftlange weizenblonde Haar – für mich sah sie aus wie eine germanische Heldin. Ganz anders sah sie der Erbe.

Der Park mit dem alten Baumbestand, die romantische Lage zwischen den Schirmpinien und der privaten Bucht, alles wirkte so paradiesisch, daß ich nicht ahnen konnte, was für ein Kampf sich zwischen dem Erben und meiner Heldin entsponnen hatte. Wiebke lebte mit ihrem zwölfjährigen Sohn, der schon so groß wie sie war und auch norddeutsch sprach, arabisch jedoch akzentfrei, im Haupthaus. Außerdem hatte sie eine Art Harem, drei marokkanische Frauen, deren Positionen als Vertraute und Dienstmädchen bezeichnet werden könnten.

Wiebke wirkt wie ein Mensch, unter dessen Fittichen es sich ruhig leben läßt. Sie gehört zu der

Art Frauen, die auch Zähne ziehen und Kinder entbinden können.

So nistete auch ich mich schnell ein und mietete ein paar Räume im oberen Stockwerk. Um die Fenster meines Badezimmers rankten sich die Kletterrosen. Da residierten nun wir fünf Frauen und der halbwüchsige Sohn. Der grollende Erbe darbte im schimmeligen Gästehaus und sann auf Rache.

Wiebke und ich verstanden uns, wie vorhergesagt, sehr gut. Es verbanden uns gemeinsame Träume und Wünsche, allerdings, das muß ich zugeben, vor allem der deutsche Wunsch, Dinge zu verbessern. Wir wollten etwas von dem orientalischen Zauber und der Sinnlichkeit in Flaschen abfüllen und in kalte Länder exportieren. Wir wollten am liebsten die Düfte der Bäume, Blumen und Pflanzen mit Ölen vermischt so verpacken, daß sich die Käufer wie Aladin mit der Wunderlampe durch Reiben an der Flasche an der Geruchswolke wie mit einem Flaschengeist vergnügen konnten.

Gelegentlich kam Wiebke mit Aufträgen aus Deutschland zurück, doch die Konzepte und Ideen lösten sich in der süßen Luft Tangers auf, was nicht weiter tragisch war, denn sie meisterte ihr Leben auch so. Sie zahlte kaum Miete und wohnte in einem der schönsten Anwesen der Stadt.

Wiebke ist auch eine jener Frauen, die es eines Mannes wegen hierher verschlagen hat. Vor etwa vierzehn Jahren war sie im Windschatten der Hippie-Bewegung in Essaouira gelandet. Dieser internationale Treffpunkt der Schwärmer und Globetrotter liegt etwas nördlich von Agadir am Meer und hat einen großen Hafen. Hier verliebte sie sich in einen großen, gutaussehenden marokkanischen Musiker. Wieder zu Hause in Deutschland stellte sie fest, daß sie schwanger war. Sie bekam einen Sohn. Mit ihm fuhr sie nach Essaouira zurück. Sie hatte brieflich Kontakt mit dem Vater aufgenommen; am Tag X würde er sie und das Kind am Strand treffen, und sie würden gemeinsam in Marokko leben.

Einen ganzen Tag verbrachte sie mit dem Kind am Strand und wartete. Sie saßen unter ihrem selbst aufgebauten Zelt. Sie hatte ihre schönste, handgewebte Decke ausgebreitet. Der kleine Junge spielte und schlief.

Der Tag verging, wie die Sommertage am Strand vergehen. Menschen kamen und gingen. Mittags hielten einheimische Familien Picknick. Als die Sonne im Westen im Meer versank und es dunkel wurde, stellte Wiebke fest, daß ihr Musiker das Treffen nicht einhielt. Weder sie noch das Kind interessierten ihn. Sie hatte fast zwölf Stunden auf ihn gewartet.

»An diesem Tag«, erzählte sie mir und zog mit

dem Zeigefinger zwei Linien nach, feine Kerben, die von der Nase zum Mundwinkel führten, »grub sich die Enttäuschung in mein Gesicht ein. Ich spürte richtig, wie sich diese Linien zogen, wie Laufmaschen.«

Benommen vor Enttäuschung saß sie abends in einem Fischlokal und fütterte ihren Sohn; sie selber konnte nichts essen. Die deutschen Hippies, die weise Sprüche wie »All things must pass« und andere Liedzeilen von sich gaben, erschienen ihr wie rettende Engel und wie ein Zeichen »von oben«. Es brauchte nicht viel, um sie zu überzeugen, daß Essaouira nicht der richtige Ort für sie war, und daß sie nach Tanger mitkommen sollte.

Schnell entschlossen packte sie den Sohn in ihren VW-Bus und fuhr nach Tanger. Damals konnte man noch deutlicher sehen, was die Stadt einmal war. Die Kolonialbauten waren noch erhalten, es existierten keine häßlichen Neubauviertel, und es gab noch gesunden Tourismus. Wiebke fuhr gelegentlich noch nach Europa, doch das *Virus de Tanger* hatte sich schon in ihr ausgebreitet. Sie fing an, sich als Masseuse zu etablieren, und es gab genügend Ausländerinnen, die ihre Dienste in Anspruch nahmen. So konnte sie sich und ihren Sohn ganz gut ernähren.

Wie die verlassene Hippie-Mama zu dem phantastischen Wohnsitz kam, wird in zwei völlig widersprüchlichen Versionen erzählt. In Tanger reicht es normalerweise fünfzig Prozent von je zwei Fassungen zu streichen, und schon hat man eine Geschichte, die zu hundert Prozent stimmt.

Wiebkes Fassung:

Eines schönen Nachmittags ging sie im Pinienwald der Vielle Montagne spazieren. Sie war gerade in die Betrachtung des herrlichen Anwesens versunken, als sie eine schwache Stimme rufen hörte. Es war niemand in der Nähe, der auf den Ruf hätte reagieren können. Lediglich ein winselnder alter Jagdhund kam aus dem gläsernen Gewächshaus. Um besser hören zu können, näherte sich ihm Wiebke. Als sie an der offenen Tür ankam, leckte der Hund ihre Hand. Leise rief sie auf arabisch: »Ist da jemand?«

Eine schwache Stimme antwortete auf englisch: »Können Sie mir helfen?« In dem weitläufigen Gewächshaus lag zwischen großen Blumentöpfen ein ungepflegter, kranker alter Mann. Die Laken waren schon ewig nicht gewechselt worden. Es war der Besitzer des Anwesens, schon lange bettlägrig, schon lange vernachlässigt. Seine Familie hatte sich aufgelöst, seine spanische Gattin, die ihn nicht leiden konnte, lebte in Marbella und kam nur gelegentlich nach Tanger, um nachzusehen, ob er noch lebte. Die zwei Söhne, beide mit amerikanischem Paß, waren *busy*. Der jüngere studierte in Amerika Wirtschaftswissenschaften, der ältere das Leben in den Bordellen von Tanger.

Auf jeden Fall bekam der kranke alte Mann keinerlei liebevolle Pflege, abgesehen von dem Essen, das die Frau des Gärtners ihm täglich brachte. Es dauerte nicht lange, bis Wiebke, die gelernte Krankenschwester, die Pflege übernahm, ihn fachkundig aufpäppelte und bald anfing, das Haupthaus zu renovieren. Bald darauf zog sie ein. Aus Dankbarkeit gab der alte Mann ihr vor Zeugen das Recht, auf Lebenszeit darin zu wohnen. Der Sohn war verständlicherweise nicht glücklich darüber. Er und seine Mutter wollten nur, daß der Vater bald stürbe und sie endlich das Anwesen zu Geld machen konnten. Das letzte Angebot belief sich auf 1,7 Millionen Dollar.

Wiebkes Pflege durchkreuzte ihre Pläne, von ihrem Einzug ins Haus ganz zu schweigen. Der Sohn sah zähneknirschend zu, wie der Vater sich wieder erholte, die große Frau aus Deutschland das Zepter schwang und sich mit ihrer Entourage breitmachte. Zu allem Übel verehrte der Gärtner Wiebke, weil sie tatkräftig das vergammelte Haupthaus renovierte und an den Wochenenden Gesellschaften veranstaltete. Die Scharen von weiblichen Gästen waren entspannt und lustig, und sie bestellten bei ihm Pflanzen, was ihm eine zusätzliche Einnahmequelle bescherte. Außerdem freute er sich über das Vergnügen, welches die fröhliche Frauenschar dem alten Herrn bereitete. Dem Gärtner gefiel es zuzusehen, in welch ausgelassener Atmosphäre der alte Mann, in dessen Diensten er seit dreißig Jahren stand, seinem Tod entgegensegelte.

Der grollende Sohn versuchte sofort, Wiebke nach dem Tod seines Vaters auszuquartieren. Da er aber außer Haschisch und Huren wenig im Kopf hatte, gelang es Wiebke spielend, ihn über Jahre in Schach zu halten. Er hauste im kleinen, vor sich hinschimmelnden Gästehaus, während sie im palastartigen Haupthaus residierte. Der Kampf reichte von lautstarkem Schreien bis hin zu kindischen Terrorakten seinerseits: Er riß Blumen aus, pinkelte an die Hauswand, torkelte nachts grölend im Garten herum und so weiter. Und auch Anzeigen bei der Polizei waren Teil des Programms. Doch Wiebke mußte mit ihrem marokkanischen Sohn, ihrem fließenden Waterkant-Arabisch und ihrem einheimischen Harem einer ganzen »Truthahnbatterie«, wenn man so will, nur dort auftauchen, und schon bekam der Erbe den Bescheid, daß Mieter, die in ein leeres Haus ziehen, Mieter, die einen todkranken Mann pflegen und vor allem Mieter, die das Haus wieder bewohnbar machen, nicht so einfach vor die Tür gesetzt werden können. So machte es sich Wiebke gemütlich und ich ebenso.

Die Atmosphäre des Hauses war irgendwie zeitlos. Weder modern noch altmodisch. Sowohl die Berbertracht als auch Handys gehörten zum Bild.

Wiebke hatte eine Stammklientel, die sie massierte. Dies und die Miete, die ich bezahlte, reichten aus, um das Kind zur Schule zu schicken und die Frauen zu ernähren.

Mnana war schon am längsten bei ihr. Sie war kein schönes Mädchen, hatte aber blitzende Augen und ein wildes Raubtierlächeln. Ihr Mann hatte sie verstoßen, weil sie kein Kind bekam. Er hatte dreimal die Worte wiederholt: »Wir sind geschieden. Wir sind geschieden. Wir sind geschieden.« Das reichte für die Formalität, dann fand sich Mnana auf der Straße wieder. Jemand hatte ihr erzählt, daß in dem großen Haus eine deutsche Frau lebte, sie solle dort ihr Glück versuchen. Nachdem sie einige Tage um das Haus herumgeschlichen war, wurde sie in Wiebkes Clan aufgenommen.

Wiebke hatte sie gesehen, als sie unschlüssig neben dem Schlagbaum beim Gärtnerhaus stand, und rief sie zu sich. Nachdem sie sich ihre Klagen angehört hatte, holte sie Mnana ins Haus und nahm so das faulste Mädchen der Welt in ihre Dienste. Plötzlich wurde Mnana immer runder; sie war zur allgemeinen und ihrer eigenen Verblüffung schwanger. Wie in Trance schilderte sie mit monotoner Stimme, wie sie beim Spazierengehen auf einen Mann getroffen sei. Plötzlich wollte sie wissen »wie er sich anfühlt«, sie hatte ja nur einen gehabt. Die Chance auf eine neue Ehe war für sie als unfruchtbare Frau gleich Null. Warum sich also nicht hingeben unter den schönen Schirmpinien? Unter großem Gelächter wurde das Gemisch von Malheur und Segen besprochen. Wiebke meinte lachend, das Haus sei groß genug. Der grollende Erbe konnte nun zusehen, wie sich Wiebkes Clan, statt endlich mit Sack und Pack auszuziehen, auch noch vermehrte.

Als der kräftige Bub im Haus zur Welt kam, wurde er verhätschelt. Er schlief bei Wiebke, denn es stellte sich heraus, daß Mnana zu faul war, um sich um ihn zu kümmern. Sie wollte einfach nicht. Um ihn gut unterzubringen und ihm eine Aussicht auf eine Schulbildung zu sichern, arrangierte Wiebke kurzerhand die Adoption. Die neuen Eltern kamen aus dem Kreis der deutschen Oberbekleidungsindustrie – der einzigen verläßlichen Devisenquelle Tangers. Das Ehepaar war glücklich über den schwarzgelockten lieben Kerl, und Mnana konnte wieder Löcher in die Luft starren.

Eine der anderen »Haremsdamen« war die fleißige und lustige Hemu. Sie sah aus wie Ava Gardner in mittleren Jahren. Sie war eine geschätzte Köchin und arbeitete in verschiedenen Haushalten der europäischen Oberschicht. Dadurch hatte sie ein gutes Einkommen. Ihre Kindheit war wie aus dem Buch »Das nackte Brot« von Choukri – ein Nebeneinander von Qual und kindlichen Freuden. Die Fähigkeit vieler Marokkanerinnen, sich souverän über Ungerechtigkeit und Ausbeutung hinwegzusetzen, und zwar mit nie versiegender Lebenslust, wird von ihr exemplarisch verkörpert. Sie ist die marokkanische Frau schlechthin.

Als sechsjähriges Kind wurde Hemu von ihrem Stiefvater an eine reiche Familie als Haushaltshilfe vermietet. Sie schlief auf einem Schaffell unter dem Küchentisch; ihre Hauptaufgabe war es, für den Hausherrn das Wasser für die rituellen Waschungen zu besorgen und bereitzustellen. Nach zwei Jahren holte der Stiefvater Hemu wieder ab. Der Lohn, den er für ihre Arbeit erhielt, reichte ihm nicht. Außerdem waren in der Zwischenzeit zwei Söhne geboren worden, und die Mutter brauchte Hemus Hilfe selber.

Die Wiedervereinigung von Mutter und Tochter wird von Hemu mit sinnlicher Zärtlichkeit beschrieben. Sie war glücklich, wieder neben der Mutter schlafen zu können, ihre samtige Haut zu spüren und ihren süßen Atem zu riechen, während sie ihr Geschichten erzählte.

Hemu hatte im Haushalt der reichen Herrschaften nicht nur unter dem Küchentisch gelegen. Die Köchin, eine Meisterin ihres Fachs, hatte sehr schnell entdeckt, daß Hemu begabt war, und ihr viele Kochgeheimnisse anvertraut. Das und die Hausarbeiten zu Hause, die Erziehung der Brüder, ließen sie schnell zur Chefin des Hauses avancieren. Einkaufen, kochen und organisieren, doch auch Blumendekorationen – alles kein Problem für Hemu. Mit vierzehn wurde sie verheiratet, aber sie ließ sich nicht an den heimischen Herd binden. Schnell profilierte sie sich und kochte bei Festen, und bald übernahm sie deren Ausstattung. Rasch hatte sie sich in der deutschen Kolonie einen Namen gemacht, kochte regelmäßig für sie und verdiente viel Geld. Für marokkanische Verhältnisse war sie steinreich.

Sie hatte so Macht und Ansehen und sorgte dafür, daß alle drei Kinder, auch die Tochter, eine gute Schulbildung erhielten. Hemu wohnte nicht ständig bei Wiebke, doch an den Wochenenden war sie fast immer da und kochte.

Jedes Wochenende mußte der Erbe zusehen, wie eine ausgelassene Schar von Frauen sich auf seiner Wiese vergnügte. Er empfand diese Zusammenkünfte wie eine Heimsuchung, wie eine Heuschreckenplage, eine Federball spielende Pest.

Die Dritte im Bunde der Marokkanerinnen war Fatima, ein hübsches siebzehnjähriges Mädchen aus dem kleinen Städtchen Asilah nördlich von Tanger. Dort wohnen viele Ausländer, und Fatima war sprachbegabt. Dadurch bekam sie Arbeit bei den Ausländern. Im Gegensatz zu Hemu war sie an eine Mutter gebunden, die ihr nicht nur das Geld abnahm, sondern ihr keinerlei Freiheit ließ. Sie war die Gefangene ihrer Mutter, und als sie in

Asilah Wiebke kennenlernte, verließ sie ihre Mutter und floh zu Wiebke. Zwar lieferte sie das Geld, das sie verdiente, immer noch bei der Mutter ab. Doch hier konnte sie atmen und sich unterhalten. Sie war im Gegensatz zu Mnana fleißig und sang beim Putzen. Abends machte sie Feuer im Kamin und tanzte. Sie war sehr verschmust, legte sich nach dem Abendessen in meine Nähe und versuchte, mir Arabisch beizubringen und mich mit der arabischen Sprache vertraut zu machen; unter anderem mit Habibi.

Das Leben, das wir bei Wiebke führten, machte den Erben wahnsinnig. Die weibliche Welt empfand er als Heimsuchung. Als ohnmächtiger Zeuge der Ausgelassenheit sann er auf Rache. Viele lächerliche Versuche waren bereits gescheitert. Aber er fand auch eine sehr effektive Waffe, die aus einer einzigen Handbewegung bestand. Nach fünf Jahren vergeblicher Anzeigen und Anwaltskosten stellte er fest, daß sich der Hauptwasserhahn im Gästehaus befand und er uns mit ein paar kleinen Griffen jederzeit das Wasser abdrehen konnte. Wir konnten also nie ganz sicher sein, daß wir nach dem Toilettenbesuch die Spülung bedienen konnten. Nur ein gurgelnder Laut ächzte dann durch die Rohre. Das bedeutete auch kein Haarewaschen und vor allem den sicheren Tod des Gartens. Als ich mich beschwerte, da meine Mietzahlung auch fließendes Wasser beinhaltete, nahm er die Gelegenheit wahr, mir seine Variante zu erzählen, wie Wiebke zu dem Anwesen kam.

Die Variante des Erben:

Wiebke sei ein böses Mädchen, eine Rauschgifthändlerin. Sie hätte sich bei dem sterbenden Vater eingeschlichen und mit dem Halbtoten sogar noch »Liebe gemacht« (!). Mit diesem geradezu nekrophilen Akt hätte sie sich das Anwesen, die Villa, ergaunert. Sie würde Miete von mir kassieren, und wenn ich weg bin, meine Räume noch einmal vermieten und ihm lediglich ein paar hundert Mark für den Gärtner geben. Mit ihrem VW-Bus habe sie riesige Ladungen Haschisch nach Spanien geschmuggelt, und das mit dem kleinen Sohn an ihrer Seite.

Als ich Wiebke zu diesen Behauptungen befragte, lachte sie nur und sagte: »Der weiß doch gar nicht, was er sagt.«

Nachdem ich sie nicht einmal mit einer Zigarette in der Hand erlebt hatte, aber in den Kleidern des Erben immer eine Haschischfahne hing, entschloß ich mich, Wiebkes Version zu glauben.

Nach einigen Monaten des »Wasserterrors« zogen wir alle aus, und zwar noch ein wenig höher auf den Berg, in eine wunderschöne Villa aus den dreißiger Jahren, direkt an der Mauer des Königspalastes. Der Garten war nicht so schön, doch das Haus war hell, mit großen Fenstern ausgestattet, und es hatte fließendes Wasser und eine funktionierende Heizung, was in Tanger sehr selten ist.

Nach den Turbulenzen der letzten Monate fand ich mich wieder in einem ähnlichen Ambiente wie zu Beginn meines Aufenthalts in diesem Land. Hier war es so ruhig wie in Cabo Negro. Der Besitzer des Hauses war ein sehr intelligenter Mann, ein Geschichtsprofessor, mit dem ich mich gern über die Stadt unterhielt. Bei einem Mann auf so viel Reflexion und Ehrlichkeit zu stoßen, ist selten. Er war mit einer Französin verheiratet. Sie besaßen noch ein Haus in Rabat und kamen meist zum Wochenende und über den Sommer nach Tanger. Dann wohnten sie im Gästehaus, die Villa vermieteten sie an Ausländer.

Wiebke begegnete ihm, als ihr Wagen eine Panne hatte und sie per Autostopp den Berg hoch wollte. Schnell kamen sie auf ihr Problem zu sprechen, und schnell nahm sie das Angebot an, sein Haus zu mieten. Der Professor hatte den Ruf, exzentrisch zu sein. Mir kam er nur ehrlich vor.

Die meisten Unterhaltungen über das Wesen der Stadt führen zu nichts, denn viele der Geschäftemacher sind in dunkle Machenschaften involviert. Nur bei den Frauen hört man die unverblümte Wahrheit. Drogen, Prostitution und Geldwäscherei beherrschen die Stadt. Wenn der Drogenhandel behindert wird, bekommen sogar die Bettler kein Almosen mehr.

Der Professor beantwortete meine Fragen, ob es eine Chance gebe, daß »Tanger wieder Tanger« werden könnte, mit einem schlichten Nein. Denn der kleine Kreis von anständigem Geld wird ständig verletzt. Eine der Kuriositäten der Stadt ist, daß in den Kreisen der Geschäftemacher jeder jeden bezichtigt, ein Drogenhändler zu sein. Praktisch alle, die abends in ihren maßgeschneiderten Anzügen im Hotel Minzah an der Bar sitzen, sind angeblich Gauner. Die Iraker, die sich hier angesiedelt haben, mokieren sich über die Marokkaner und behaupten, daß sie alle lügen und sich selber etwas vormachen.

Dabei wird der Zustand des eigenen Landes nicht erwähnt. Eines steht fest, es wird viel gelogen. Das gehört hier zum Leben. Aber sie glauben ihre Lügen, was dem Ganzen noch eine zusätzliche bizarre Dimension verleiht. Es wird gerne gedichtet, und wenn man nicht betroffen ist, macht es Spaß, sich diese abenteuerlichen Erfindungen anzuhören. Karla sagt, es wird soviel gelogen, daß eine gewisse Paranoia zwangsläufig an der Tagesordnung ist. Es gilt unter gewissen Umständen sogar als unhöflich, die Wahrheit zu sagen. Das Ausschmücken der Wahrheit ist Teil der Identität. Das Geschichtenerzählen macht einen Teil der persönlichen Attraktivität aus.

Tanger soll daher selbst für marokkanische Verhältnisse zu viele Märchenerzähler haben. Der

König, so wird in Rabat gesagt, mochte den Norden nicht. Er soll gesagt haben, daß es dort zu viele Halsabschneider gebe.

Schade, daß es so ist oder sein mag, denn von seiner Lage und Geschichte her könnte Tanger eine der schönsten Städte der Welt sein. Es wird, da es keine schützende Hand gibt, die das verhindert, nur abgerissen und nicht renoviert. Das traurigste Beispiel dafür ist die Villa de France. Sie liegt in einem grünen Villenviertel zwischen dem Grand Sokko und dem Boulevard Mohammed V. Wie die meisten Häuser dieser Gegend ist die Villa aus dem 19. Jahrhundert, und sie ist vor allem deswegen berühmt, weil Matisse dort gemalt hat.

Die Schönheit des kleinen Anwesens ist nicht zu zerstören, obwohl man anscheinend nichts anderes im Sinn hat. Der Garten um das Haus ist verwahrlost, die Auffahrt ungepflegt; zwischen den Kieselsteinen wuchert Unkraut, und die Bäume und Lianen sind überwachsen. Gleich zu Beginn besuchte ich die Villa; ein Deutscher hatte sie mir als »cooles Hotel« empfohlen.

Die blauen Winterabende geben den meisten Häusern einen märchenhaften Aspekt, so war es auch hier. Die Villa ist weiß mit einer hübschen Fassade, doch das armselige Licht, das durch das Fenster neben dem Eingang leuchtete, ließ nicht auf eine große Pflege schließen. Die Glocke auf dem Empfangstisch gab nur noch ein schepperndes Geräusch von sich. Nach einer Weile kam ein undurchsichtig aussehender Kerl in einem dunklen Anzug, dem die Zeit soviel speckigen Glanz verliehen hatte, daß er aussah wie Satin. Ich wollte ein Zimmer sehen. Alle Schlüssel hingen am Brett, doch er schien nicht erfreut. Er führte mich dennoch in den ersten Stock. Jede Stufe gab ächzende Geräusche von sich. Das Zimmer mit Meerblick war mir aus dem Bild von Matisse vertraut. Der Ausblick war wirklich einer von jenen, die für den Zauber dieser Stadt sorgen. Nah am Haus sah man die Silhouetten großer Bäume, die Luft war voll zarter Düfte, das Meer lag lieblich im Mondlicht. Ich sah einen Teil des Hafens, wo gerade eine große Fähre ankam; die funkelnde Küste Spaniens war zum Greifen nah.

Wie ernüchternd dagegen der Zustand des Zimmers. Die Portieren am Fenster waren nur teilweise befestigt, an der Decke hing eine kahle Glühbirne, die Laken und Kissen auf dem Bett waren schon benutzt. Der Mann schien ganz zufrieden, als ich ihm sagte, daß ich ein anderes Mal wiederkommen wolle.

Auf dem Flur stand eine Tür halb offen. Im Zimmer hielten sich zwei schlampig aussehende Mädchen auf, ein Mann schlug hastig die Tür zu. Später erfuhr ich, daß das Hotel inzwischen ein Bordell war. Mittlerweile, so heißt es, haben es

Irakis gekauft. Angeblich wollen sie das Haus abreißen, aber immer, wenn ein historisch bedeutsames Gebäude abgerissen werden soll, formieren sich Bürgerinitiativen unter einen *nom de guerre*, zum Beispiel »Die Freunde der Villa de France«, und verhindern, daß zuviel Geschichte zerstört wird.

So gibt es auch einen Kreis für das »Théâtre Cervantes«, ein kleines, wunderhübsches Jugendstilhaus mit kunstvollen Glasfenstern und Samtstühlen, auf denen eine dicke Staubschicht liegt. Es ist umgeben von Schutt, denn die »Freunde« hatten noch nicht genug Geld zusammen, zu mehr als einer Barriere und einen Stück Stacheldraht hat es noch nicht gereicht. Wenigstens schützen diese Maßnahmen vor Vandalismus.

Das Desinteresse der Einheimischen am Erhalt von Gebäuden steht in krassem Widerspruch zu der Einstellung gegenüber alten Menschen. Selbst allermodernste Marokkaner mit Handy und Mercedes oder sogar mit musizierenden Boxershorts (sie haben einen Knopf, nach dessen Betätigung der »Yankee-doodle Dandy« ertönt), respektieren das Alter. Ein Freund von mir küßt bei der Begrüßung immer die Hand seiner Mutter und drückt ihre Hand an sein Herz. Das sind aber keine leeren Gesten. Es betrifft auch nicht nur die eigenen Eltern. Ein Vorfall, den ich beobachtet habe, hat sich wie eine Rasierklinge in mein

Gedächtnis eingeritzt. Es ist eine Erinnerung, die bei mir Emotionen freisetzt, eine Art Futterneid. Gefühle sind Nahrung der Gesellschaft, und es gibt da einen Hunger, der bei uns kaum noch gestillt wird.

Ich spreche von dem Verhältnis der Generationen zueinander. Der Vorfall ereignete sich in Asilah, dem Städtchen, aus dem Wiebkes Fatima stammt. Es liegt etwa dreißig Kilometer südlich von Tanger am Meer, ein ungewöhnlich sauberes Städtchen, in dem sich viele Künstler angesiedelt haben, aber keine armen. Der Ort ist wohlhabend, die Straßen sauber, die Häuser haben blaue Türen, das ist typisch für Asilah. Es hat etwas von Sylt, doch trotz der Sauberkeit zieht aus einem kleinen Lokal, direkt an der Strandpromenade, aus dem von grünen Pflanzen überwucherten Dach eine Haschischfahne, die man überall erschnüffeln kann. Diese Fahne verliert sich erst auf der Strandpromenade, denn da herrscht der Geruch köstlicher Fischgerichte, die am Sonntag von der eleganten Klientel verzehrt werden. In Asilah geht man mittags gern mit der Familie oder Freunden spazieren. Die Lokale sind gefüllt mit elegantem Publikum. Diese Eleganz ist auffällig einförmig, so wie die Restaurants in Europa in den fünfziger Jahren. Die Männer, auch junge, tragen Anzüge, die Frauen Kostüme in kräftigen Farben, der Schmuck ist echt. Die Stimmen der Frauen, das fällt gleich auf, klingen weich und kultiviert.

Die Restaurants liegen an einer zweispurigen Straße, die ein Grünstreifen trennt, der nur im Winter grün ist. Sie ist nicht sehr befahren, so daß die Händler Ruhe genug haben, Zigaretten oder gelegentlich elegante Schalen aus Olivenholz anzubieten.

Wie aus dem Nichts tauchte auf der gegen-überliegenden Seite ein alter Mann auf, eine bi-blische Erscheinung in einer weißen Dschellaba, die Kapuze auf dem Kopf. Er war sehr schlank, hatte einen weißen Bart und hielt einen langen, gewundenen Stock in der Hand, einem Pilgerstab ähnlich. Er machte Anstalten, die Straße zu über-queren und wirkte wie jemand, der durch Wasser watet. Als er den Mittelstreifen erreichte, geriet er ins Straucheln. Lag es an seiner Dschellaba oder an seiner Gebrechlichkeit, er fing an zu fallen, aber nicht schnell, sondern langsam wie ein Kamel, das in die Knie geht. Sofort stürzte sich ein ganzes Rudel männlicher Gäste mit einer sol-chen Geschwindigkeit auf ihn, um ihn zu retten, daß es schien, als spielte sich dieser Vorgang in zwei Tempi ab: der Sturz in Zeitlupe und die hel-fende Menge im Zeitraffer. Sie fingen den Greis auf, bevor er den Boden berührte, geleiteten ihn mit behutsamer Zärtlichkeit an einen der Tische und bewirteten ihn.

Mir drängte sich der Vergleich mit dem Westen auf. Wie würden sich die smarten Männer dort verhalten? Würden sie lachen? Könnten sie einen fremden alten Mann mit soviel Zärtlichkeit berühren?

Ein Alter, dem Respekt und Zärtlichkeit beigemengt sind, lebt sich anders. Es macht alte Männer zu Rittern. Ein solcher Ritter war es auch, der mich bei meiner endgültigen Abreise aus der Villa des Professors zur Fähre brachte. Ein Taxi in Tanger ist nicht nur ein Taxi. Meist handelt es sich um Wagen, die bereits ihr zweites oder drittes Leben hinter sich und noch einige vor sich haben. Der Fahrer selbst spielt gern Schicksal. Kurzum: Alles kann passieren. Unverschämte Geldforderungen, zusätzliche Gäste, abenteuerliche Umwege und sogar Fahrten ins Nirgendwo ...

Da Wiebkes Auto gerade wieder mal den Geist aufgegeben hatte, mußte ich mir am Grand Sokko einen Fahrer suchen, der mich am nächsten Tag um fünf Uhr morgens auf der Vielle Montagne zuverlässig abholen würde. Es ging darum, mit meiner Intuition, die in diesem Fall über Leben und Tod entscheiden konnte, unter all den Gesichtern das glaubwürdigste zu orten. Was blieb mir anderes übrig, als mit meinen Augen sorgfältig die Gesichter abzutasten, aus den Gesichtern zu lesen, wem ich mich und meine Güter anvertrauen konnte? Als ich den Ritter sah, wußte ich sofort, daß er es war; er würde mich auch schlafend ans Ziel bringen.

Er muß um die Siebzig gewesen sein. Auf dem Kopf trug er ein Käppchen. Er ließ mich in aller Ruhe in seine Augen blicken. Das war ein kurzer schneller Test, in seinen Augen lag Ehre. Das Geld, das ich ihm geben wollte, lehnte er lächelnd ab.

»Nein, danke. Ich bin morgen um fünf Uhr zur Stelle, dann können Sie mich bezahlen.«

Würde er mich so früh am Morgen in der Dunkelheit finden?

»Natürlich kenne ich die Villa des Professors.«

Ich werde diesen Morgen nie vergessen. Es war Frühling, Mnana schlief noch. Wiebke hatte mich um vier Uhr geweckt und Kaffee gemacht. Sie zog kurz nach meiner Abreise in die Stadt. Die anderen Frauen waren ihrer Wege gegangen. Fatima hatte einen Engländer geheiratet und lebte mit ihm in einem kleinen Haus am anderen Ende der Stadt. Hemu war, nachdem ihre Kinder sie nicht mehr brauchten, nach Tunesien gezogen, wo sie für Europäer als Küchenchefin in einem Restaurant arbeitete. Der Sohn Mnanas lebt mit seinen Adoptiveltern glücklich und zufrieden in einer Villa. Nur Mnana war ihr geblieben, die selbst den Weltuntergang verschlafen würde.

Der dunkelblaue Aprilmorgen war so schön, daß es mir weh tat, mich auf den Weg zu machen. Ein paar Vögel zwitscherten, die Katze lief über den vorderen Patio, als die Lichter des Taxis durch das Gebüsch leuchteten. Er war gekommen. Wie versprochen.

Sorgfältig und mit sicheren Bewegungen verstaute er mein Karawanengepäck. Kleine Schmucktruhen, Teller, Flaschen und Fläschchen für allerlei Essenzen, Gewürze, Stoffe, Wandbehänge und sogar Teppiche. Ich wollte ein bißchen von dieser Welt mitnehmen. Er muß gespürt haben, daß es mir schwerfiel zu gehen. Als ich hinten im Auto saß, die Türen waren schon zu, hob Wiebke die Hand zum Winken, doch sie blieb halbherzig in der Luft hängen. Da drehte der Fahrer sich nach mir um und fragte: »Wollen Sie wirklich fahren?«

Es war Zeit für mich zu gehen, einen neuen Lebensabschnitt zu beginnen. Während der Fahrt von der Vielle Montagne zum Hafen streiften wir noch einmal in schneller Folge all die Schauplätze – Himmel und Hölle, wie immer. Wie immer schimmerte das Meer im *coup de champagne*.

Sobald wir im Hafen ankamen und durch das Tor an den Wachposten vorbeifuhren, setzte meine übliche Panik ein. Das Gewusel der undurchsichtigen Gestalten, die Unberechenbarkeit an der Grenze sind eine Hürde, die man beim Verlassen und Betreten des Landes immer nehmen muß. Mein Taxiritter fuhr mich so weit es ging an das Boot. Noch fühlte ich mich geborgen und meiner

Schätze sicher, doch dann folgte das übliche Prozedere.

Ein Mann in Zivilkleidung nahm mir ohne viele Worte das Gepäck ab und verschwand in einer Menge, gleich folgte ein zweiter, wieder ohne Uniform, und verlangte nach dem Paß, mit dem er dann auch verschwand. Ich zahlte den Fahrer und dankte ihm für seine Zuverlässigkeit. Wie immer schienen die Herren, denen ich meine Sachen überlassen hatte, spurlos verschwunden. Der mit dem Paß tauchte gottlob gerade wieder auf, als ich an der Paßkontrolle stand. Er wollte Geld für das Ausfüllen eines Formulars. Wieviel?

»Wie Sie wünschen.«

Eine schreckliche Forderung, denn egal wieviel man gab, sein Gesicht sah immer nach zuwenig aus. Immer schwebte man in der Angst, zuviel oder zuwenig oder an der falschen Stelle gegeben zu haben.

Ich wartete geduldig an der Kabine, bis sich die Paßbeamten erbarmten, die in aller Ruhe, wie Schachgroßmeister, die Welt ihres Computers erforschten und sich dabei anscheinend nur ungern von Reisenden stören ließen.

Als mir mein Paß endlich abgenommen wurde, studierte der Beamte ihn ganz ausführlich und zeigte ihn seinem Kollegen. Mein Herz schlug Purzelbäume. War ich doch die Vertraute und Begleiterin einer Rauschgifthändlerin gewesen? Bitte nicht! »Ein sehr hübsches Foto, Madame, *très jolie*«, sagte er und gab ihn mir wieder.

Jetzt traf ich auch meinen Gepäckträger wieder. Er breitete die Koffer vor einer Zöllnerin aus, die mich mit den Augen abtastete, wie ich es am Vortag mit den Taxifahrern gemacht hatte. Sie vertraute mir, auf jedes Gepäckstück zeichnete sie mit Kreide ein X. Ich durfte also passieren. Der Träger verstaute noch meine Sachen im Gepäckraum und erhielt die restlichen Dirham. Das Schiff legte bereits ab, und ich eilte auf das Deck. Die Fähre wendete langsam, und im zarten Morgenlicht zog Tanger noch einmal an mir vorbei. Der Taxifahrer war noch zu sehen, ich winkte ihm zu, und er legte seine Hand ans Herz, meines zog sich zusammen. Ich rief ihm und allen schlafenden Freunden in der Stadt noch einmal zu: »Auf Wiedersehen ... Inshallah.«

Mit Anfang Vierzig beschließt
Denise Zintgraff, ihr Leben
grundlegend zu ändern:
Ein Harem in Riad wird für
zwei Jahre ihr Zuhause.
Unglaublicher Luxus prägen
das Leben innerhalb der
Palastmauern. Doch er hat
seinen Preis: die persönliche
Freiheit. Die Frau aus
Tausendundeiner Nacht gewährt
einen faszinierenden Einblick
in die geheimnisvolle
Welt des Orients.

Denise Zintgraff

Die Frau aus Tausendundeiner Nacht
Mein Leben in einem Harem

Econ Ullstein List

Als weiße Frau in Afrika leben, die Anziehungskraft einer fremden Kultur spüren, hin und her gerissen sein zwischen westlichem Rationalismus und afrikanischer Spiritualität – dies sind die Erfahrungen von Ilona Maria Hilliges in Nigeria. Sie taucht ein in die mystische Welt des Schwarzen Kontinents – und trifft den Mann ihres Lebens. Doch ein mächtiger Clanchef bedroht sie mit Schwarzer Magie. Sie wehrt sich mit den Waffen ihres Gegners und unterwirft sich einem magischen Ritus: Sie wird zur »weißen Hexe«.

Der authentische Lebensbericht einer weißen Frau in der spirituellen Welt Afrikas.

Ilona Maria Hilliges

Die weiße Hexe
Meine Abenteuer in Afrika

Mit zahlreichen Abbildungen

Econ | **ULLSTEIN** | List